编 委 会

总主编：沈小君

编　委（按姓氏笔画排序）：

刘志兴　回春茹　汤　杰　那国宏　杜　林　宋淑君

张宇傑　张彩虹　何吉洪　范立荣　周汝和　薛芳渝

本书编写人员

主　编：沈小君

编　者（按姓氏笔画排序）：

王　斌　刘诗怡　杨海龙　李　克　李欣壑　肖遵香

宋书香　张素红　张海波　徐丽丽　贾　莉　彭秋云

工作人员

演　示：梁金萍　肖同华

摄　影：果彤林

插　画：王　杰

自 20 世纪下半叶开始，人口老龄化逐步成为各国决策者关注的一大议题，人口老龄化所引发的诸多问题也对越来越多国家的经济社会发展产生着深刻而持久的影响。2000 年年末，中国进入老龄化社会，人口老龄化程度不断加深。截至 2016 年年底，中国 60 岁以上老年人口已超过 2.3 亿人，占总人口比例的 16.7%。据世界卫生组织预测，

XINLI
HEHU

中国式居家养老实用手册

心理呵护

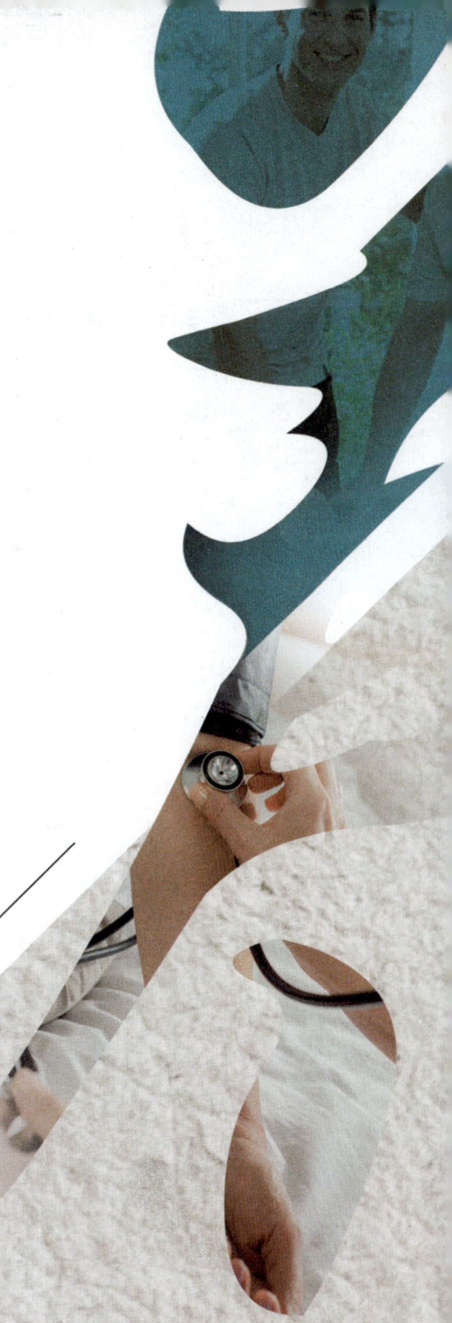

中国劳动社会保障出版社

图书在版编目（CIP）数据

心理呵护：中国式居家养老实用手册 / 人力资源和社会保障部教材办公室，中国老教授协会职业教育研究院组织编写. -- 北京：中国劳动社会保障出版社，2018

ISBN 978-7-5167-3590-9

Ⅰ. ①心… Ⅱ. ①人…②中… Ⅲ. ①养老-社区服务-中国-手册 Ⅳ. ①D669.6-62

中国版本图书馆 CIP 数据核字（2018）第171081号

中国劳动社会保障出版社出版发行

（北京市惠新东街 1 号 邮政编码：100029）

*

北京宏伟双华印刷有限公司印刷装订 新华书店经销

787毫米×1092毫米 16 开本 11.25 印张 125 千字

2018 年 8 月第 1 版 2018年 8 月第 1 次印刷

定价：48.00 元

读者服务部电话：（010）64929211/84209101/64921644

营销中心电话：（010）64962347

出版社网址：http://www.class.com.cn

序 言
PREFACE

今后几年中国的老年人口将以每年超过 1 000 万人的速度增加，2033 年前后将达到 4 亿人，到 2053 年将达到峰值 4.87 亿人，在总人口中的占比将超过 1/3。

随着人口老龄化形势的日益严峻，老年人的服务需求越来越多样化，养老服务将成为关乎老年人晚年生活质量及每个家庭福祉的民生事业。尽管可供老年人选择的养老形式很多，如机构养老、社区养老、居家养老等，但按照中国国情和民族习俗，居家养老显然是最符合老年人心愿的养老方式。一项调查显示：在中国，选择居家养老的老年人占 90% 以上，只有不到 10% 的老年人选择养老院或其他形式养老。

如何让老年人、家属和照护人员了解更科学的养老知识、熟悉更准确的护理方法、掌握更全面的操作技能，有效解决养老过程中的所有问题，从而保证居家养老过程的良性运转，已成为居家养老事业发展的基础、依托和支撑。

正是在这种背景之下，我们精心策划，邀请业内众多专家、学者和多年从事养老工作的一线人员，在参阅大量的国内外文献及相关学科研究成果的基础上，结合中国居家养老服务市场的现状，汲取各家之长，共同编写了这套“中国式居家养老实用手册”。“中国式居家养老实用手册”首辑共6册，包括《居家照护基础》《日常生活照护》《活动与运动》《疾病与康复》《心理呵护》《营养与膳食》。

本套丛书在内容上力求普及与提高相结合，以普及为主；通用性与专业化相兼顾，以通用性为主；具有“中国式、时代感、大众化”的特色和“易学、易懂、易会”的特点；方便不同层次、不同角色的读者学习和使用，既可作为专业居家养老服务人员的培训用书，也可用作老年人、家属和照护人员的科普图书。

本套丛书在编写过程中，得到教育部中国老教授协会、中国国际职业资格评价协会、中国老年学和老年医学学会科学养生专业委员会、北京养生文化交流中心、北京市房山区康怡养老院的支持和帮助，在此表示衷心的感谢！

鉴于我国居家养老知识体系、能力培训体系暨人才评价体系建设工作刚刚起步，许多问题还有待探讨，加上编写人员水平和实践的局限，书中不足之处在所难免，我们热忱欢迎广大读者提出宝贵意见，以便不断修改完善。

中国老教授协会职业教育研究院执行院长
中国老年学和老年医学学会《全国科学养生论文集》编审委员会委员
沈小君

目　录

第一章　老年人怎么了／003

第一节　老年人的心理变化／003

第二节　老年人的认知变化／011

第三节　老年人的性格变化／037

第四节　老年人的情绪变化／043

第二章　我们该怎么办／063

第一节　老年人人际关系与沟通技巧／063

第二节　认识老年人的婚姻／080

第三节　帮助老年人适应新生活／100

第四节　尊重老年人的宗教信仰／115

第三章　维护老年人的心理健康／119

第一节　老年人的代际关系／119

第二节　帮助老年人树立正确生死观／128

第三节　老年人的心理养生／138

第四节　老年人自我心理保健／145

第五节　让幸福常伴在老年人身边／150

第四章　重视自己的心理呵护／161

第一节　与老年人的相处之道／161

第二节　与照护人员的相处之道／166

1

第一章
老年人怎么了

第一节　老年人的心理变化

李奶奶今年70岁了，本来是个脾气很好的人，跟同事、家人一向相处融洽，但近些年不知怎么了，她变得越来越固执，很多时候就觉得自己是对的，别人的意见无论如何也听不进去。例如，有人上门推销保健品，当时老伴怕不安全不让开门，她非但不听，还把人请进了屋，买了不少产品。事后儿女都跟她说："一来这样的保健品不知真假，可能会上当受骗；二来两个老年人在家，让陌生人进屋不安全。"她却都听不进去，还坚持说，人家小姑娘脾气好，一看就不是骗子，保健品她吃了觉得效果不错……

一、老年人心理变化的表现

当人进入老年期，不仅生理上表现出衰老现象，心理上也会发生巨大变化，会表现出感觉、知觉迟钝，记忆力下降，智力改变，出现焦虑和抑郁的情绪，性格特点也产生一系列变化，在人际关系和生活方式等方面也常出现不适应的情况。

1. 智力变化

一般来说，人到了老年期，智力开始逐渐衰减，主要表现为反应减慢，快速做出决定和解决问题的能力下降，健忘。如果伴有比较严重的慢性疾病，或者因失去亲人而变得孤独，会加快智力功能的减退。如果老年人保持良好的生活规律，经常参加各种社会活动，进行脑力和体力锻炼，则其智力功能可保持相当长的时间。

老年人的智力变化

2. 情绪变化

老年人由于机体内组织器官的衰老和生理功能的衰退，机体整体调节功能减弱，适应能力相应下降。随之出现变得幼稚、情绪不稳定，甚至像小孩子一样容易激动，有时因小事而兴高采烈，有时因不顺心而不安、生气、哭泣。长期独居者常有严重的抑郁表现。另外，由于大脑和机体的衰老，老年人往往产生不同程度的性情改变，如说话啰唆、情绪易波动、主观固执等，少数老年人则变得很难接受和适应新生事物，怀念过去，甚至对现实抱有对立情绪。老年人的性情改变，常常加大了他们与后辈、与现实生活的距离，导致社会适应能力的下降。

老年人的情绪变化

3. 人格变化

人格指一个人整体的精神面貌，是在不尽相同的现实生活中所形成的独特的、带有倾向性和比较稳定的心理特征的总和。

人格的一般特性具有个体差异性、相对稳定性、社会性和整体性。人格主要由人格倾向性、人格的心理特征和自我意识三部分构成。老年人的人格与增龄无关，在进入老年期过程中，常见的三种人格维度即开放—封闭、外向—内向、适应—焦虑，已基本趋于稳定。较多的老年人表现为比较固执，习惯按自己的观点看问题，守旧，不易接受新事物和他人意见，猜疑心较强。有的老年人则有过多的感慨、伤感，喜欢回忆往事，沉溺于对过去成功事件的追溯之中，通过这种固执性以获得一定的心理平衡。

老年人的人格变化

4. 生活方式变化

生活方式指处在一定历史时期和社会条件下的个人生活的行为模式及特征。老年人多已退休在家，子女大都离家独立生活，这种生活环境和角色的变化构成了老年人孤独的主要原因。孤独寂寞，社会活动减少，使老年人选择了如吸烟、酗酒、缺乏运动等不良的生活方式，致使老年人慢性疾病的发生和发展。

老年人的生活方式变化

二、老年人心理变化的特点

随着年龄增长，老年人心理机能也发生了相应变化。特别是老年人的工作、生活等方面发生了新的变化后，更强化了老年人的心理变化特点。

1. 认知功能逐渐衰退

老年人神经系统尤其是大脑的退化和机能障碍，首先引起感觉和知觉能力逐渐衰退。在视觉方面，随着年龄增长，出现了视力减退、老眼昏花的状态。在听觉方面，由于听力下降，他们对高频声音辨别不清，对快而结构复杂的语句分辨不清。味觉和嗅觉灵敏度显著降低。由于神经系统的衰老，老年人的痛觉比较迟钝，耐寒能力较差，所以比年轻人怕冷。记忆力也越来越差，由于注意力分配不足，对信息的编码精细程度及深度均下降，老年人的记忆易出现干扰或抑制。人到老年期，概念学习、解决问题等思维能力有所衰退，但由于丰富的知识经验，思维的广阔性、深刻性等往往比青少年强，因此，老年人思维的成分和特性十分复杂。

2. 智力变化多样

老年化过程中智力减退并不是全面性的，老年人在实际生活中解决各种复杂问题的能力仍处于很高的水平，甚至在不少方面超过中青年人。这是由于现实生活中解决问题所需要的往往不是单一的智力成分，而是包含社会经验等非智力因素的综合分析及敏锐判断。一系列研究发现，老年人的智力还具有很大的可塑性。有研究表明，老年期智力与多方面因素相关，包括生理健康、文化和社会等方面因素。因此，坚持用脑有利于在老年期保持较好的智力水平和社会功能，而且活动锻炼对智力也有明显的促进作用。

3. 动机与需要多元化

根据马斯洛的需要层次理论，人有生理、安全、爱与归属、尊重及自我实现五个层次的需要，而老年期各种层次的需要又有其独特的内涵。老年人的安全需要表现在对生活保障与安宁的要求，他们普遍对养老保障、治病就医、社会治安以及合法权益保护等问题表现出极大的关注。另外，老年人希望从家庭和社会获得更多精神上的关怀，并且仍有很强的参与社会活动、融入各种团体的要求，以满足其爱与归属的需要。尽管老年人的社会角色与社会地位有所改变，但他们对尊重的需要并未减退，要求社会能承认他们的价值，维护他们的尊严，尊重他们的人格，在家庭生活中也希望有一定的自主权，过自信、自主、自立的养老生活。为使自己的价值在生活中得到充分体现，老年人还有一定程度自我实现的需要。

4. 情感发生变化

研究表明，在严格区分年龄因素及家庭生活环境因素之后，老年人的情感活动与中青年人相比，本质特点是相同的，仅在关切自身健康状况方面的情绪活动强于中青年人。也就是说，孤独、悲伤、忧郁等负面情绪并不是年老过程必然伴随的情感变化。但不可否认的是，老年期是负面生活事件的多发阶段，随着生理功能的逐渐老化、各种疾病的出现、社会角色与地位的改变、社会交往的减少，以及丧偶、子女离家、好友病故等负面生活事件的冲击，老年人经常会产生消极的情绪体验和反应。

老年人情感发生变化

5. 人际关系变化凸显

（1）与子女的关系

由于时代的因素，两代人对社会价值观念、伦理道德观念及生活方式诸方面的看法不一致，彼此之间又缺乏了解和理解。尤其是子女成家后，一般会和老年人分开住。许多老年人认为，子女来看望他们来去匆匆，吃完饭就走，觉得很麻烦；而子女不来看望他们，又认为子女不孝顺。这种矛盾心理容易导致抱怨、争吵、指责。

（2）与配偶的关系

俗话说，“年轻夫妻老来伴”，老年夫妇都健在，在生活上可以相依为命，互相照应体贴，如果夫妻感情不和，则对老年人的危害更大。

（3）与同事的关系

交往是人的社会属性赖以发生和发展的必要条件，也是人的精神属性健康的必要条件。老年人退休后，离开了工作单位，与同事之间的交流突然中断。交往的逐渐减少，会使老年人社会化水平下降。老年人有时回顾自己走过的人生路程，如果没有遗憾，就能认可、接受个人生命的价值。反之，老年人总挂记着曾经做过的错事或生活中不成功的事件，则会感到失落或被别人轻视，以至于绝望。

第二节 老年人的认知变化

张叔叔最近感觉很不开心。不知怎么了，年轻时事业顺风顺水的他似乎什么都做不好了。平日里没事的时候想看看书，却发现书上的字变得模糊了；有时候想打开电视看看新闻，明明他觉得正好的声音，老伴总是嫌吵。几天前张叔叔和一帮老同学聚会，上学时候关系好得不行的朋友，当着人家的面，却怎么也想不起来对方的名字，场面一度尴尬……

一、感知觉变化

1. 感知觉变化的表现

随着年龄的增加，老年人的感觉器官逐渐不能正常有效地接收各种信息。

（1）视力下降

一般人在 40 ~ 50 岁时发生“老花眼”，这种减退是老年人自身能感觉到的最为明显的现象。其原因可能是晶状体逐渐变硬到失去弹性，导致晶状体调节能力逐渐减弱，老花眼程度日渐加深。随着年龄的增加，晶状体逐渐混浊，常可导致老年性白内障。此外，老年人的视野范围也随着年龄的增加而缩小。

视力下降

（2）听力下降

老年人的听力变化也很显著。人类的听力在20岁左右时最为灵敏，其后随着年龄的增加而逐渐减退，称为老年性耳聋。老年性耳聋是逐渐发生并且缓慢发展的，表现为别人的讲话往往要很大声才能听到，这是由于老年人对高音的听力比低音的听力损失早。

随着年龄增加，首先是高调音频的感觉器官发生萎缩及变性，因此，尽管老年人听力下降，往往自己不易觉察。此外，老年人听觉记忆也有所减退，因而语句理解力比章节理解力受影响更大，对语言的理解力下降。一般说来，人在 20 ~ 50 岁时，对语言的理解力相对稳定，到 80 岁时下降 25% 或者更多，所以在日常生活中老年人对常用的语句很少误解，而对不大常用的语句则理解很差。

听力下降

（3）皮肤老化

老年人的皮肤及附属结构在形态或功能上已经发生老化，这是人们最容易发现的老化现象。因此，常常将皮肤产生皱纹与老年性白发及脱发作为人类老化的直观标志。

皮肤老化通常从 30 岁左右开始出现，随着年龄增加逐渐明显，其老化速度受到内外环境因素综合作用的影响。一般来说，皮肤老化表现为弹性降低、厚度变薄、松弛、皱纹加深、表面失去光泽、出现色素沉着等。

老年人因年龄增长而出现的感知觉方面的变化会对其心理产生极大的影响，并可能导致心理障碍。

2. 感知觉障碍的表现

（1）错觉

杯弓蛇影

错觉是对客观事物的一种不正确的、歪曲的知觉。错觉可以发生在视觉方面，也可以发生在其他知觉方面。老年人出现错觉是难免的。一般可按照错觉发生的原因将其分为以下几类。

1）心因性错觉。由心理因素引起的错觉叫作心因性错觉。电影《红楼梦》中的丫鬟紫鹃，见贾宝玉和林黛玉两个人老是时吵时好，她不清楚宝玉待黛玉究竟是不是真心，于是编造了一个“明年春天家里来接林姑娘”的谎言试探贾宝玉。贾宝玉听后信以为真，顿时傻了眼，还将花园湖中的石舫错当成是来接林妹妹的船，于是大呼：“把船开回去，把船开回去。”将不会移动的石舫错当成接林黛玉的船，这种错觉带有明显的心理因素，所以是心因性错觉。

心因性错觉

2）病理性错觉。老年人在生病的时候也会出现错觉，这是病理性错觉。病理性错觉多于高热谵妄、意识清晰度不高的情况下出现。例如，老年人可将正在输液的盐水皮条错看成毒蛇，将床边柜上的花瓶错视为骷髅，错将吊灯看成可怕的巨蟒……病理性错觉常常带有可怕的成分，所以老年人情绪常常是惊恐万分。当老年人体温降低至正常时，意识程度转为清晰，病理性错觉也就不医自愈了。

3）幻想性错觉。还有一种特殊的错觉是幻想性错觉，意思是老年人把实际存在的事物，通过自己的主观想象，错误地感知为与原事物完全不同的一种形象。例如，老年人把天上的彩云，通过想象感知为飞舞的仙女的形象；有的老年人把墙上的裂纹，通过想象感知为一些美丽的图案或张牙舞爪、面目狰狞的凶恶怪兽。这些错觉一般通过主观再认知都是可以克服的。

幻想性错觉

（2）幻觉

幻觉指没有相应的客观刺激时所出现的知觉体验。换言之，幻觉是一种主观体验，主体的感受与知觉相似。这是一种比较严重的知觉障碍。幻觉与错觉不同之处在于前者没有客观刺激存在。由于其感受常常逼真生动，可引起愤怒、忧伤、惊恐、逃避乃至产生攻击别人的情绪或行为反应。

1）幻听。幻听是一种歪曲或奇特的听觉，并没有相应的外部声音刺激作用于听觉器官。老年人有时会听到有人在喊救命，但这种声音在现实的外部声场中并不存在。临床研究认为，幻听是大脑听觉中枢对信号错误加工的结果。

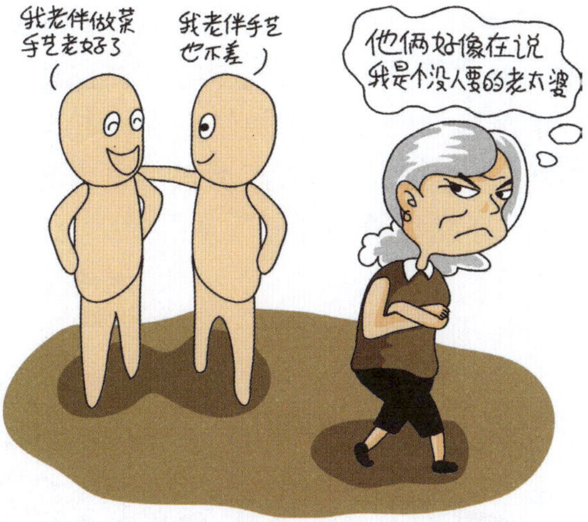

幻听

2）幻视。幻视是幻觉的一种。老年人可以看到简单不成形的形象，如闪光，也可以看到整个情景或者场面；看到的形象可以是模糊的、不清晰的，也可以是鲜明的、生动的。

幻视

3）幻嗅。幻嗅指老年人闻到一些难闻的气味，如腐败的尸体气味、化学物品烧焦味、浓烈刺鼻的药物气味等，往往使老年人产生不愉快的情绪体验，常与其他幻觉和妄想结合在一起。如老年人坚信他所闻到的气味是坏人故意放的，从而加强了迫害妄想，可表现为捏鼻动作或拒食，可见于精神分裂症。

幻嗅

4）幻触。83 岁的王奶奶不知为何总觉得头发内有虫子，“成千上万的虫子在咬我”，于是不停地用手去“捉”，此外还经常洗头。一个多月“捉”下来，老太太的额头已经被“捉”破，同时手指也因不停“捉虫”而溃皮。可是其他人谁也没看到王奶奶头发里有虫子，儿女带着王奶奶去医院检查也没发现什么问题。奇怪的是，只要儿女陪在她身边说话，王奶奶就不觉得头发里有虫子了。

幻触

幻觉具有两个主要特点：

第一，幻觉是一种感受，由于缺乏相应的现实刺激，所以客观检验结果证明这种感受是虚幻的，但就老年人自身体验而言，却并不感到虚幻。

第二，虽然幻觉源于主观体验，没有客观现实根源，但某些老年人坚信其感受来自客观现实。

幻觉

二、记忆变化

1. 老年人记忆变化的表现

成人记忆随年龄增长而发生变化，这是一种自然现象，可称为记忆的正常年老化。虽然它往往会给老年人带来不便，但一般来说，对老年人的工作、学习和日常生活还不至于产生很大影响。老年人记忆的特点和主要变化可归纳为以下几点。

（1）初级记忆与次级记忆

老年人初级记忆较次级记忆为好。初级记忆是人们对于刚刚看过或听过的、当时还在脑子里留有印象的事物的记忆。初级记忆随年老而减退，但比较缓慢，老年人一般保持较好，与青年人差异不显著。

次级记忆是对于已经看过或听过了一段时间的事物，经过复述或其他方式加工编码，由短时储存转入长时储存，进入记忆仓库，需要时加以提取。这类记忆保持时间长。次级记忆随年老而减退，减退速度明显快于初级记忆，年龄差异也较大。

（2）再认与回忆

老年人再认能力明显比回忆能力好。再认是当人们对于看过、听过或学过的事物再次呈现在眼前时，能立即辨认出自己曾经感知过的；而回忆是刺激物不在眼前而要求再现出来，其难度大于再认，因此回忆的年龄差异大于再认的年龄差异。

（3）意义记忆与机械记忆

老年人意义记忆比机械记忆减退缓慢，他们对有逻辑联系和有意义的内容，尤其是一些重要的事情或与自己的专业、先前的经验和知识有关的内容，记忆保持较好。这些结果说明信息储存的效果在于目前的信息与过去已学过的能否有很好的联系。

意义记忆开始减退的时间较晚，一般到六七十岁才有减退；相反，老年人对于需要死记硬背、无关联的内容则很难记住，机械记忆减退较多，出现减退较早，四十多岁已开始减退，六七十岁减退已很明显。这些结果也说明不同性质的记忆出现年老化的时间不同，记忆减退是有阶段性的。

2. 老年人记忆障碍的表现

记忆障碍指个人处于一种不能记住或回忆起信息或技能的状态，有可能是由于病理生理性的或情境性的原因引起的永久性或暂时性的记忆障碍。

（1）记忆减退

记忆减退可以表现为远记忆力和近记忆力的减退，主要见于脑器质性精神障碍。脑器质性损害患者最早出现的是近记忆力的减退，老年人记不住最近几天，甚至当天的进食情况，或记不住近几天谁曾前来看望等。病情严重后远记忆力也减退，如回忆不起本人经历等。

记忆减退症状一

记忆减退症状二

（2）遗忘

遗忘是对识记过的材料不能再认与回忆，或者错误地再认与回忆，是一种记忆的丧失。遗忘分为暂时性遗忘和永久性遗忘，前者指在适宜条件下还可能恢复记忆的遗忘，后者指不经重新学习就不可能恢复记忆的遗忘。

（3）记忆错误

记忆错误指将曾发生的经历张冠李戴，并毫不怀疑地坚信自己的记忆是正确的。

记忆错误还可出现记忆虚构，是“记忆的幻觉”，即以虚构的、既往经历中从未发生过的事情来填补自己记忆的缺失部分，其内容多很生动、多变，但通常转瞬即忘，多见于外伤性或中毒性精神病患者。

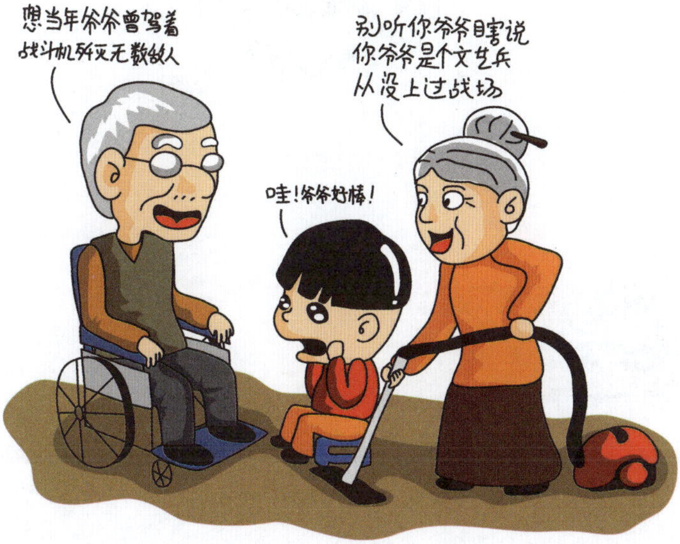

记忆错误

（4）记忆增强

记忆增强是一种病理性记忆障碍，表现为将病前很多并不重要的事情都能回忆起来，多见于情感性精神障碍躁狂发作或抑郁发作，也可见于偏执状态。

记忆增强

照护小课堂

怎样改善老年人的记忆

1. 上了年纪不糊涂，树立信心很重要

不能认为人老了记忆力就一定会不好，认为自己“成了老糊涂，不中用了”。实际上，有些老年人的记忆力下降之所以特别显著，很大一部分是心理因素造成的，所以要保持充分的自信和良好的情绪。

2. 选择补品别盲目，多多用脑记得牢

不要认为人老了再用脑会加速脑细胞的死亡，也不要为了防止记忆减退而盲目吃一些补脑的保健品，这些都会进入误区，反而会加快大脑的老化。“用进废退”的科学哲理同样适用于脑，脑子越用越灵，增强记忆的秘密在于“勤用脑，可健脑”。

3. 营养摄入要科学，体育锻炼不能省

大脑缺乏必要的营养必然会导致记忆力的衰退，所以要及时而适量地补充营养物质。“生命在于运动”，加强体育锻炼是延缓老年人大脑早衰的最有效的方法。很多常见的老年病也会影响记忆，坚持锻炼，才能够保持身体健康，减少疾病的发生，从而降低大脑衰退的可能性。

4. 勤于思考多想象，找对方法印象深

要记住一件事情，有很多种方法。老年人可以利用一些小技巧来帮助和改善记忆，这也符合“勤用脑，可健脑”的原则。比如要记住某个地名，老年人可以想象自己去那里旅游，然后联想到那里有什么好吃的和好玩的，尽情驰骋想象，就可以加深印象，顺利记住。

三、思维变化

1. 老年人思维变化的表现

思维是人类认识过程的最高形式，是更为复杂的心理过程，但由于老年人记忆力的减退，无论在概念形成、解决问题的思维过程还是创造性思维和逻辑推理方面都受到影响。老年人思维的个体差异很大，但也存在一些共同的变化。

（1）反应迟钝

老年人语言停顿，思维涩滞，对一些问题的思考能力和理解能力都出现一定程度的间断性。

（2）逻辑障碍

老年人对推理及概念认识不清，思维过程缺乏逻辑性。

（3）跳跃思维

话题转变突然，在各个老年人身上表现的程度各有不同。有些高龄老年人的思维仍比较清晰，而另外一些尚未进入高龄的老年人却有严重的思维障碍。

2. 思维障碍的表现

思维是人脑对客观事物间接概括的反映，是人类认识活动的最高形式。由感知所获得的材料，经过大脑的分析、比较、综合、抽象和概括而形成概念，在概念的基础上进行判断和推理，这整个过程称为思维。思维通过言语或文字来表达，而思维障碍主要从言语中发现。思维障碍可分为思维联想障碍(思维过程障碍)、思维逻辑结构障碍(思维形式障碍)和思维内容障碍。

（1）思维联想障碍

思维联想障碍的表现症状有思维奔逸、思维贫乏、思维松弛、思维插入和思维被夺等。

1）思维奔逸。思维联想过程加快，讲话滔滔不绝，过分热情。

2）思维贫乏。思维内容空洞无物。表现为老年人主动言语减少，被动谈话时只能使用“是”“不是”“不知道”“没什么”等简单的词或词组。

3）思维松弛。又称思维散漫，思维缺乏明确的主题，老年人言语令人难以理解，不知所云。

4) 思维插入和思维被夺。老年人感到思维不属于自己，也不受自己支配，而是由外力来控制自己的大脑。

（2）思维逻辑结构障碍

思维逻辑结构障碍有以下几种形式。

1）象征性思维有典型的概念转换，将一个事物的具体概念与抽象概念混淆在一起，老年人却毫不觉察，自己不解释别人就无法了解其用意。

2）破裂性思维与语词杂拌。破裂性思维是精神分裂症中最常见的思维障碍，其突出表现是概念之间联系的严重紊乱。

3）诡辩症与逻辑倒错性思维。多见于精神分裂症。

（3）思维内容障碍

思维内容障碍主要表现为妄想。思维内容没有或缺乏事实根据，难以动摇，与老年人的社会地位和文化水平不相称的病理信念，就是所谓妄想。临床上通常根据妄想的内容将其分为以下几类。

1）被害妄想。被害妄想是妄想症中最常见的一种，它是精神疾病的一个重要症状，主要指老年人往往处于恐惧状态而胡乱推理和判断，思维发生障碍，坚信自己受到迫害或伤害，老年人往往会变得极度谨慎和处处防备，还时常将相关的人纳入自己的妄想世界中。

被害妄想

2）关系妄想。老年人坚信，周围环境的各种变化和一些本来与他不相干的事物都与他有关系。别人的谈话、无线电广播、报纸上的文章和消息是针对他而发的，别人的咳嗽、吐痰是表示轻视他等。关系妄想的内容多数对老年人不利，常发生于被害妄想之前或与之同时发生，多见于精神分裂症。

关系妄想

3）物理影响妄想。老年人认为自己的思维、情感、意志、行为受到外界某种力量的支配、控制、操纵，不能自主，称为影响妄想。如果老年人认为这种操纵其精神活动的外力是由某种先进仪器所发出的激光、X射线、红外线、紫外线等（均属于物理因素），就称为物理影响妄想，多见于精神分裂症。

物理影响妄想

4）夸大妄想。夸大妄想指以自负、自感伟大或优越为内容的病态信念。常伴有其他幻想性妄想，可作为偏执狂、分裂症（常为偏执型）、躁狂症和脑器质性疾病（特别是麻痹性痴呆）的症状。某些人格障碍的老年病人有出现这种妄想的可能。

夸大妄想

5）罪恶妄想。老年人坚信自己犯了严重错误，罪大恶极，以致连累亲友，甚至连国家也受到了不可弥补的损失，他自认为不仅应该受人鄙视和唾骂，甚至处死也不能补偿其罪恶之万一，常因此拒食，或采取一些方式赎罪。严重者认为自己不应该再活下去，可发生自伤、自杀等行为。多见于忧郁状态和精神分裂症。

罪恶妄想

6）疑病妄想。也称疑病症神经症，简称疑病症，又名疾病臆想症。这是对自己身体健康过分关注、担心或者深信自己患有一种或者多种躯体疾病，经常诉说某些不适，反复就医，经多种检查均不能证实疾病存在的心理病理观念。老年人毫无根据地坚信自己患了某种严重躯体疾病或不治之症，因而到处求医，即使通过一系列详细检查验证都不能纠正其错误的观念，这种情况被称为疑病妄想。多见于精神分裂症，也可见于更年期精神障碍。

疑病妄想

7）钟情妄想。钟情妄想是老年人坚定不移地认为一个其实不喜欢自己的人非常喜欢自己的错误判断，并且往往会偏执地认为对方很多拒绝自己的言行其实是对自己的考验。这是一种精神分裂症，其主要表现是失去正常理智，常常依靠本能活动，并显示出高级意向（工作、学习等）减退，而低级意向（性欲、食欲等）亢进。有的老年人偷偷恋着对方，躲在僻静处，独自遐想发呆、发痴；有的老年人有恋物癖；有的老年人自作多情，认为异性或同性对自己产生了爱情，因此朝思暮想，寝不安眠，食不甘味，甚至找到对方纠缠不休。

钟情妄想

8）嫉妒妄想。老年人坚信自己的伴侣对其不忠而另有外遇，因而跟踪或监视其伴侣的活动。嫉妒妄想主要指认为配偶或性伴侣不贞的妄想，往往会伴随着激动情绪，甚至攻击行为。

嫉妒妄想

四、语言变化

失语症指由于神经中枢病损导致抽象信号思维障碍，而丧失口语、文字的表达和理解能力的临床症候群。失语症不包括由于意识障碍和普通的智力减退造成的语言症状，也不包括听觉、视觉、书写、发音等感觉和运动器官损害引起的语言、阅读和书写障碍。因先天或幼年疾病引致学习困难，造成的语言机能缺陷不属于失语症范畴。

1. 运动性失语

运动性失语症也称表达性失语症、口语性失语症、皮质运动性失语症等。特点为老年人能理解他人语言，构音器官的活动并无障碍，有的虽能发音但不能构成语言。

2. 感觉性失语

感觉性失语又称感受性失语。特点为老年人听觉正常，但不能听懂他人评议的意义，虽有说话能力，但词汇、语法错误紊乱，常答非所问，讲话内容无法使人真正了解，但常能正确模仿他人语言。

3. 失读

失读的特点为老年人无视力障碍，看到原来认识的文字符号却读不出字音，亦不知其意义，多伴有失写、失算、体象障碍、空间失认等。单纯性失读老年人其他语言功能正常，可自动发言、复述口语、理解口语，但不能理解文字，所以其朗读默读能力丧失，也不能抄写。但单纯性失读老年人智力及计算能力正常。

五、注意力、定向力、智力变化

1. 注意力障碍的表现

注意力是人的心理活动选择性地指向某种目标，有主动与被动之分。注意力障碍表现在强度、范围和持久性方面的改变。老年人感到威胁，如疑有重病或认为别人要迫害他时，常表现为警觉提高、注意力增强、困倦、疲乏、抑郁，往往注意力涣散且难以集中。

2. 定向力障碍的表现

定向力障碍不是一种单独的疾病，只是定向力发生异常的现象。定向力是对周围环境(时间、地点、人物)及自身状态(姓名、年龄、职业等)的察觉和识别能力。定向力障碍是意识障碍的重要判定标准。在某些特殊情况下定向力与意识障碍无关，如长期被拘禁或被隔绝的人丧失时间定向，迷路者丧失地点和空间定向等。很多疾病都伴有定向力障碍，如老年痴呆、帕金森病晚期、肿瘤、全身性疾病(肝病、肾病的晚期)、酒精中毒、其他精神疾病等。

3. 智力障碍的表现

智力障碍是一组临床综合征，可有记忆、认知(概括、计算、判断等)、语言、视空间功能和人格等至少三项受损，常由神经系统疾病、精神疾病和躯体疾病引起。主要症状包括记忆障碍、思维与判断力障碍、性格改变、情感障碍等。

照护小课堂

如何延缓老年人智力衰退

人上了年纪，智力有所减退是正常的，只是有速度的快慢和程度的深浅不同。下面介绍几种方法，可以帮助老年人延缓智力的减退。

1. 避免剧烈的精神刺激

老年人由于身心机能衰退，在遭受外界的剧烈精神刺激之后，如家庭关系紧张、人际关系不和等，就容易产生孤独感，百无聊赖，精神涣散，从而导致智力退化下降。

2. 加强身体锻炼

现在许多老年人会参加各种锻炼，如打太极拳、舞剑、跳舞等，有自我保健的意识，这样对老年人很有好处，可以加强器官活动，改善器官功能，大脑功能也同样得到了改善，可以延缓智力减退，体现了“动则不衰”的道理。

3. 进行脑力活动

老年人往往认为智力减退是由脑细胞大量衰亡引起的，因此人老了少用脑可以减少脑细胞的死亡，其实这是非常错误的观念。实际上，加强脑力活动，经常用脑，可以延缓智力减退，“脑子越用越灵”说的就是这个道理。

4. 拒绝不良生活习惯

睡觉不规律，大脑的疲惫得不到消除，会影响大脑的恢复；烟中的尼古丁会损伤身体；酒精对大脑也有损害。老年人不良的生活习惯会引发各类疾病，如动脉硬化、糖尿病、高血压等，从而直接或间接侵害智力。

5. 营养要均衡

大脑营养充足，才能有足够的“动力”来为“主人”服务，因此老年人应该注意科学饮食。多吃鸡蛋、鱼、肉等，补充和供给人体所需营养，可以增加血液中有助于记忆的物质；多吃豆腐、芹菜、莲藕、全麦制品和豆类等，对老年人记忆力有很大好处。

6. 保持一定量的社交活动

老年人与人打交道时，会积极用脑，社交活动能使人身心愉悦，从而延缓大脑的衰老。

第三节 老年人的性格变化

赵阿姨年轻时见人都是笑眯眯的，说话也幽默风趣，有她的地方就充满了笑声，在朋友圈子里，她就是大家的核心，大家都觉得她性格开朗、心胸宽广，是个值得深交的朋友。可赵阿姨退休几年后，大家发现她渐渐变了。朋友相聚的时候，她也总是不声不响，年轻时的活泼开朗一点儿也看不见了。后来，老朋友的聚会她也很少参加了。有一次，老朋友去她家拜访，吃惊地发现，赵阿姨好像一下老了很多，说话也总是唉声叹气，好像变了一个人一样。

一、老年人性格变化的特征

人进入老年期以后，身体的生理活动逐渐趋向衰退。很多人在青少年时期意气风发、活泼向上、激情四射、热情奔放的性格特点，到老年期几乎全部消失了，而代之以缓慢、沉默、稳重，有时候甚至是冷淡的性格。

老年人性格变化总的趋势是由外倾向内倾转变。外倾是指心理活动倾向于外部世界，比较开朗、活跃，善于交际；内倾是指心理活动倾向于内心世界，沉静、多思、孤僻。每个人的生活经历不一样，行为方式也不完全一样，因而性格也会随之千差万别。

二、老年人性格变化的原因

老年人性格发生变化的原因是非常复杂的，包括个人、家庭和社会等各方面的因素。个体的内在因素和外在环境相互作用，导致老年人性格发生变化。

1. 内在因素

内在因素包括性别、外貌、身材、神经系统活动情况以及脑和其他生理功能的老化程度等。

有的老年人会对自己外貌的变化非常在意，尤其是很多女性老年人，最忌讳别人说自己有皱纹、看起来比实际年龄大等。性别差异也会给老年人的性格带来不同的特征：比如女性老年人往往更习惯于依赖家庭和子女，与邻居交往的需求也比男性老年人强烈得多；另外，由于女性老年人丧偶比例远高于男性老年人，再婚心理障碍又比男性老年人大得多，所以孤寂感更沉重。但是多数女性老年人的性格比男性老年人更为平和一些，因为传统的“男主外，女主内”的性别角色分工，使女性老年人退休后身份、角色转换比男性老年人快，适应得更好，生活自理能力方面女性老年人也要普遍强于男性老年人。

2. 外在环境

外在环境对老年人性格的影响主要表现在其社会性格上。社会性格指的是人在一定的社会中，为了适应社会环境而具有的一种心理倾向。社会性格一般会随着社会条件的变化而变化。

对老年人性格变化影响最大的社会因素是离异、丧偶这些生活事件。许多离异丧偶老年人的情绪高度集中于离去的配偶身上，种种不良情绪会导致老年人性格变化巨大。此外，服刑、失业、退休、分居等也是对老年人性格影响比较大的生活事件。

三、老年人性格的分类

1. 进取型

这类老年人正视现实，积极参与社会活动；能有计划地安排自己晚年的学习、生活，发挥自己的专长，贡献余热；心胸宽广，不为小事苦闷、生气，因而能避免因情绪波动而影响健康。

进取型

2. 安乐型

这类老年人承认或接受现实的自我，对现在或将来没有计划，无所追求，只想悠闲自得地生活；他们认为自己操劳了一辈子，该享点清福了，养花种草，钓鱼下棋。由于他们善于适应晚年生活，有利于消除孤独感、失落感，在心理上容易获得满足，生活得逍遥自在。

安乐型

3. 抑郁型

这类老年人较难适应离开工作岗位、社会地位或角色发生了变化的晚年生活。他们常常留恋过去，对人对事缺乏兴趣，对未来失去信心和希望。由于生活单调、空虚、无聊，心理上更增加了寂寞感、孤独感和不安全感，容易发展为抑郁症。

4. 易怒型

这类老年人常为一点小事而大动干戈，特别在家里动辄火冒三丈。他们不愿承认和接受自己已衰老的现实，把自己不得志的原因归咎于他人，对一切缺乏兴趣。

易怒型

5. 自责型

这类老年人把自己的不幸归罪于自身，常自责自罪，悲观失望；对别人漠不关心，十分孤独。他们认为衰老和死亡并不是一种威胁，而是一种解脱。有的甚至用自杀来了却一生。

6. 偏执型

这类老年人习惯于以固定的、僵化的思维模式去分析问题，固执偏激，情感不稳，也不愿接近亲友。

7. 拘谨型

这类老年人往往谨小慎微，缺乏勇气、进取精神和上进心。这种心理状态往往降低了老年人的生理功能与心理功能，容易加速生理衰老和心理衰老的进程。

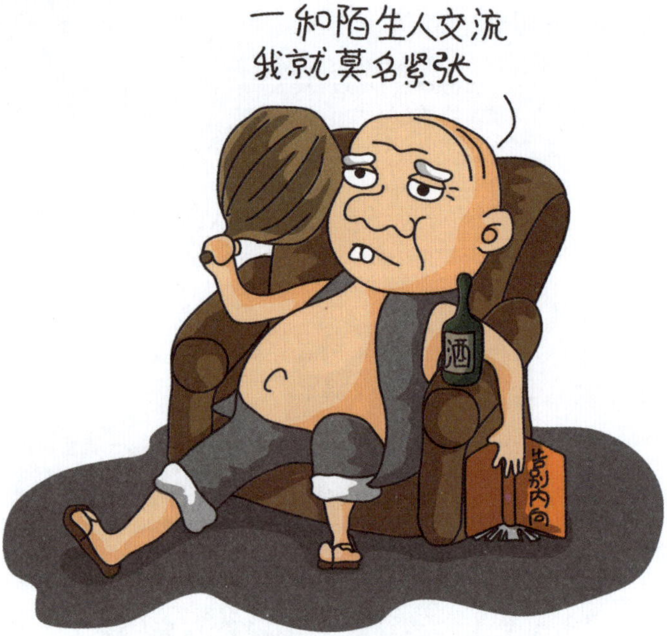

拘谨型

8. 混合型

这类老年人的性格不稳定，有时呈现抑郁型，有时却表现出自责型或者偏执型的症状，称为混合型，不能简单地下结论，应具体情况具体分析。

第四节 老年人的情绪变化

孙阿姨今年67岁，给邻居、朋友的印象一直都是和蔼可亲的。但是最近一年来，大家都觉得孙阿姨变了，不爱运动、动作缓慢僵硬，很少的家务劳动却需要很长时间才能完成，也不爱主动讲话，每次都以简短低弱的言语答复别人。有时，她坐在椅子上长时间不动，好像沉浸在自己的世界中。问她最近做了什么事，她想好长时间却回答说，记不起来了。

一、老年抑郁症

1. 老年抑郁症的表现及特点

老年抑郁症是常见的老年人心理疾病，老年人抑郁的后果是极其严重的，甚至有可能危及生命。老年抑郁症大多在60岁以后发病，有的虽然在青壮年时期发病，但在进入老年期后常会加重或发作次数增多。由于抑郁是长期情绪低落的结果，因而很容易引发心肌梗死、高血压、冠心病和癌症等疾病。据美国有关机构对250名癌症患者的调查，其中有156人在发病前曾因强烈的精神刺激而发生过持续的情绪低落。同时，抑郁又是自杀最常见的原因之一。据研究，在抑郁的第一年，实施自杀的人数为1%，而抑郁反复发作者，其终身的自杀率为15%。所以对抑郁症不能等闲而视之。

老年抑郁症

人进入老年期，一方面是对躯体疾病及生活挫折的耐受能力日趋减退，另一方面遭遇各式各样的心理刺激的机会越来越多。不幸的应激生活事件，如老伴亡故、子女分居、地位改变、经济困窘、疾病缠身、居住地动迁等，都会产生或加重老年人的孤独、寂寞、无用和无助感，成为心境沮丧、抑郁的诱因。长期的生活逆遇或挫折也可产生或诱发抑郁症。另外，个性的自卑、压抑与逆来顺受、过分内向，对挫折和不幸习惯地采取悲观的认知态度与消极被动的应对方式，以及缺乏亲友、同事的抚慰，也易产生抑郁症。老年人在生理老化的同时，心理功能也随之变化，心理防御和心理适应能力减退，一旦遭遇不幸，便不易重建内环境的稳定。如果再缺乏亲友、同事的抚慰，老年人心理活动的平衡更难维持，有可能导致抑郁症的发生、加重或复发，即使是轻、中度不幸生活事件也可能致病。

老年抑郁症有以下特点：

（1）疑病性

疑病性即疑病症状，表现为以自主神经症状为主的躯体症状。大约 1/3 的老年病人以疑病为抑郁症的首发症状，疑病内容常涉及消化系统症状，尤其便秘、胃肠不适是此类病人最常见也是较早出现的症状之一。病人常以某一种不太严重的躯体疾病开始，所以如果老年人有对正常躯体功能的过度注意或对轻度疾病的过分反应，应该考虑患有老年抑郁症的问题。

（2）激越性

激越性即焦虑激动。激越性抑郁症随年龄而增加，焦虑激越往往是比较严重的抑郁症的继发症状，也可能成为病人的主要症状，表现为焦虑恐惧，终日担心自己和家庭将遭遇不幸、大祸临头，从而搓手顿足、坐卧不安、惶惶不可终日。或夜晚失眠，或反复追念以往不愉快的事，责备自己做错了事导致家人和其他人的不幸，对不起亲人，对环境中的一切事物均无兴趣。轻者喋喋不休诉其体验及“悲惨境遇”，寻求安全的人物或地点；重者则勒颈、撕衣服、揪头发、满地翻滚、焦虑万分，以至于企图自杀。

（3）隐匿性

隐匿性即躯体症状化。许多否认抑郁的老年病人表现为各种躯体症状，而情绪障碍很容易被家属和照护人员所忽视，直到发现老年人有自杀企图或行为时方到医院就诊。因其抑郁症状为躯体症状所掩盖，称为“隐匿性抑郁症”，可表现为以下躯体症状：

疼痛综合征：头痛、嘴痛、胸痛、背痛、腹疼及全身疼痛等。

胸部症状：胸闷、心悸等。

消化系统症状：厌食、腹部不适、腹胀、便秘等。

自主神经系统症状：面红、手颤、出汗、周身乏力等。

在这些症状中，以找不出器质性背景的头痛及其他躯体部位的疼痛为常见。此外，周身乏力、睡眠障碍也是常见症状。因此，在临床实践中对有各种躯体诉述（尤其各种疼痛），查不出相应的阳性体征，或是有持续的疑病症状的老年人患者，应考虑隐匿性抑郁症，可采取抗抑郁剂治疗。如确属此症，用药后则各种症状可较快地消除。

（4）迟滞性

迟滞性即抑郁症的行为阻滞。通常是以随意运动缺乏和缓慢为特点，影响躯体及肢体活动，并发面部表情减少、言语阻滞。多数老年抑郁症患者表现为闷闷不乐，愁眉不展，兴趣索然，思维迟缓，对提问常不立即答复，多次询问后，才以简短低弱的言语答复，且语言内容贫乏。病人大部分时间处于缄默状态，行为迟缓。重则双目凝视，情感淡漠，对外界动向无动于衷。抑郁症行为阻滞与心理过程缓慢具有一致性关系。

2. 老年抑郁症的病因

老年抑郁症是一种情感性的精神疾病，其发病原因错综复杂，其中 75% 的病例是由生理、心理与社会因素、个人因素引起的。

（1）生理因素

老年人的各种身体疾病，如高血压、冠心病、糖尿病及癌症等，都可能继发抑郁症。还有许多患慢性病的老年人，由于长期服用某些药物，也易引起抑郁症。此外，有家族病史的老年人抑郁症患病率远远高于一般人群，其子女的发病率也高，说明此病与遗传因素有一定关系。

（2）心理与社会因素

抑郁症的出现与老年期的各种落差有较大的关系，这些落差包括工作的丧失、收入的减少、子女的分居、亲友的离世、人际交往的缺乏等。例如，老年人退休后对于角色转变在心理上常常出现不适应，各方面的落差叠加会产生失落感，导致情绪低落。另外，交往圈子变窄，人际互动减少，以及亲友尤其是配偶的去世，使老年人缺乏情感支持，也是导致老年抑郁症的常见病因。

退休后情绪低落

（3）个人因素

老年抑郁症的发生与个人的人格因素也很有关系。老年人在身体出现不适或慢性病久治不愈时会变得心情沉闷，或害怕绝症，或恐惧死亡，或担心成为家人累赘，从而形成一种强大而持久的精神压力，引起抑郁。

身体出现不适引起抑郁

3. 老年抑郁症的治疗与预防

老年抑郁症经常具有其他生理疾病的背景，甚至是其直接的病因。首先，要尽量把老年人已有的疾病治疗好，对不可治愈的疾病也应设法减轻其痛苦。其次，老年人要调理好退休后的心理状态，弥补自身的性格缺陷，保持积极向上的生活态度，培养兴趣和爱好，扩大人际交往，多参加一些社会活动。再次，改善家庭环境也是非常重要的，丧偶老年人如条件允许的话，可以考虑再婚，再婚对缓解老年人的抑郁心理有较大的帮助，当然，子女晚辈对老年人也应给予充分的关心和照顾。

在治疗方面，通常采用心理治疗和药物治疗相结合的方法。心理治疗在老年抑郁症治疗中的地位十分重要，通过倾听、理解、疏导、鼓励、保证等方式，使患者产生安全感，树立自信，帮助患者扩大活动能力，增强适应社会、应付环境的能力。药物治疗对于抑郁症的有效率可达 70% ~ 80%，常用的药物有三环及四环抗抑郁药，但要特别注意用药的剂量及其副作用，要在医生的指导下用药。老年抑郁症越早治疗效果越好，一般不需住院，但对那些有身体疾病的患者，尤其有自杀倾向的老年人，应住院治疗。

患者情绪最不佳的时段通常会在早上，所以要避免在这一时段外出活动。家属或照护人员可轮流陪伴患者外出走走，如逛街、运动或参与其他休闲活动。抑郁症患者有时会被误解为懒惰、散漫，其实这只是生病时的症状。

由于老年人的身体状况不如年轻时稳定，所以治疗老年抑郁症比较困难。最令医生感到头痛的是许多老年患者经常会不依照要求服药，所以家属或照护人员必须督促患者依时依剂量服药，否则难以完全康复。

恢复老年抑郁症患者的正常活动非常重要。在这方面，家属或照护人员的鼓励与督促必不可少，通常医生会和家属一起为患者安排每日的活动表，如上午打太极拳、下午打麻将、傍晚和朋友喝茶聊天等，总之一定要安排紧凑，让他们感到很忙。

4. 老年抑郁症的护理

（1）心理干预

子女工作繁忙，缺乏对父母的照顾，容易导致老年人性格发生消极变化，如产生焦躁、多疑等情绪。排除部分人由于器质性疾病所引起的情绪变化外，很大一部分人是抑郁症的前兆。照护人员可以向老年人及家属提供心理指导、应对措施，调整老年人与家属之间的情感表达方式，能改善抑郁患者的家庭环境，提高家庭成员之间的亲密度，增强其情感上相互支持的能力，能够更好地应对困难；也可化解矛盾，动员自身防御功能，帮助老年人克服困难，渡过逆境，使环境因素的不良影响减少到最低限度。

（2）情感关怀

对老年抑郁症患者的日常照顾要有极大的爱心、耐心，与患者沟通时说话语速要慢，让老年人听得懂，以免造成其误会而引起患者不愉快。患者提出问题时照护人员要特别专心听并与患者确定问题，及时解决问题。在照顾和护理患者时要用情感温暖他们，不嫌弃他们，并尊重他们的生活习惯、宗教信仰等。

（3）心灵沟通

对老年抑郁症患者的护理不单是对老年人生活上的照顾，还应包括对老年人心理上的支持、理解和鼓励。深入了解患者的心理世界，理解和体会患者的情绪和思维方式有助于对患者的心理护理。因此，针对抑郁症患者的护理，首先要表示对患者的理解，得到患者最大的信任，让患者感到被理解、尊重和接纳。在交流过程中，要认真聆听患者的倾诉，重视患者所提出的每一个问题并认真回答，适当地表示理解，摒弃偏见，不做任何价值批判。在得到患者信任的基础上，让患者充分表达自己，宣泄其不良情绪。对患者的积极行为和积极态度表示肯定，引导他们对乐观向上的生活态度及未来生活的向往。鼓励老年人谈论自己过去发生的事情，通过看老照片和收藏的纪念物品、听老歌曲等方式唤起老年人对往事的记忆，促进老年人与照护人员进行交谈。

（4）营造社会支持

社会和家庭支持是老年抑郁症的重要保护因素。从老年抑郁症患者的康复角度来讲，家属所起的作用是十分重要的。要对家属进行宣教，提高家属对疾病的认识，让其家属认识到抑郁症不是思想病，也不是“装病”，要理解老年人的痛苦，不对患者指责批评。鼓励老年人家属在口头上、行动上给予老年人理解和支持，鼓励其家属常来看望老年人，给予患者身心关怀，能让老年人感受到亲情的温暖，得到精神上、心理上的安慰。使老年人感到生活有意义、有兴趣、有安全感，使老年人生活在和谐的家庭和社会环境中，可以帮助他们树立生活的信心和增加战胜疾病的勇气。

（5）饮食及睡眠护理

此类患者可能会因为精神症状及生理因素发生拒食、少食及随地拣食的情况，从而导致营养不良；甚至有些患者想通过绝食来达到消极身亡的目的。针对此类患者，应给予高蛋白、高热量、高维生素、低糖低脂饮食。既要注意营养膳食的合理搭配，又要兼顾食物的可口性与清淡。应注意多饮水，一般每天饮水 1 500 毫升左右，忌烟酒，避免吃辛辣刺激食物，适当多食含纤维素丰富的食物。密切观察患者的食物和水分的摄取，观察记录患者的排便情况。对于进食少或执拗拒食的老年人要耐心规劝、喂食，督促进食，必要时进行鼻饲，以保证供给患者足够的水分及营养物质。同时，患者受抑郁症的困扰，常卧床不起，此时需督促患者起床活动，可以在清晨进行适量的晨练、散步，协助患者清洁个人的卫生，使其保持适度的轻松愉悦的状态。

睡眠的好坏常预示着病情的变化，因此要合理安排作息时间，帮助患者养成良好的睡眠习惯，并保持环境安静、整洁及舒适，避免强光刺激。晚上入睡前可喝一杯温热的牛奶，洗温水澡或用温水泡脚，必要时遵医嘱给予安眠药，保证每天充足的睡眠，保持生活规律。对有自杀企图者，应随时观察。对入睡困难者，可根据医嘱用药诱导入睡。

（6）加强安全防护

对有自杀、自伤、不合作、冲动等行为的老年抑郁症患者，应严加防范，禁止单独活动。一旦发生自杀、自伤或受伤意外，应立即通知医生和家属，与医生合作实施有效的抢救措施。对自杀、自伤后的患者，要做好自杀、自伤后的心理护理，了解其心理变化，以便进一步制定有针对性的防范措施。

二、老年期焦虑

1. 焦虑和焦虑症的概念

焦虑是一种内心紧张不安，预感到似乎某种危险或不利情况将要来临，而自己又难以应付的不愉快情绪。很多人都发生过不同程度的焦虑，例如应付考试时和当众发言时，因此可以说它是一种普遍现象。在日常生活中，焦虑与烦恼很相近，但它们是不同的，主要体现在两个方面：第一，焦虑的内容完全取决于日常生活环境中的变动，没有中心主题，也没有明确的社会倾向，而烦恼有明确的对象；第二，焦虑是对未来的可能性的恐惧，烦恼主要是对过去的已经发生的事后悔或对现状的不满。

焦虑症又称焦虑性神经症，是神经症这一大类疾病中最常见的一种，以焦虑情绪体验为主要特征，主要表现为无明确客观对象的紧张担心，坐立不安，还可有植物神经症状（如心悸、手抖、出汗、尿频等）出现。

2. 老年人焦虑症的临床表现

焦虑症是老年期的一种常见病，主要是老年人担心失去控制和预期危险或不幸的到来，伴有紧张不安、注意力集中困难、记忆力差和精神无法松弛等，具体表现为以下几点。

（1）主观感受

老年人感到恐惧、害怕，担心未来可能发生的、难以预料的某种危险或不幸事件，注意力不能集中，有失去支持和帮助感。

焦虑症患者的主观感受

（2）认识障碍

在急性焦虑发作即惊恐发作时，可出现模糊感，担心即将晕倒，思考较为简单。

（3）行为方面问题

因注意力涣散而出现小动作增多，东张西望，坐立不安，甚至搓手顿足，惶惶不可终日，容易恼怒，对外界缺乏兴趣，因此造成工作和社交中断。

（4）躯体症状

躯体不适常是焦虑症老年人最初出现的症状，可涉及任何内脏器官和植物神经系统，常有心悸、脉快、胸闷、透不过气、口干、腹痛、便稀、尿频和大汗淋漓等症状。

焦虑症患者的躯体症状

情绪变化与人体健康有很大关系，个体受到刺激时所引发的疾病也具有多样性，包括高血压、冠心病、胃溃疡、结肠炎、神经症、支气管哮喘等。情绪变坏还可使人体抵抗力和免疫力减弱，各种传染病甚至癌症就会乘虚而入。

3. 协助老年人调节情绪的方法

要想调节好老年人的情绪，必须要了解老年人的心理，老年人的心理可以概括为以下几个特点。

（1）老年人更善于控制自己的情绪

调查结果表明，老年人比青年人和中年人更遵循某些规范以控制自己的情绪，尤其表现在控制自己的喜悦、悲伤、愤怒和厌恶情绪方面。

（2）老年人的情绪体验比较强烈而持久

就情绪体验而言，由于老年期中枢神经系统有过度活动的倾向和较高的唤醒水平，老年人的情绪呈现出内在、强烈而持久的特点，尤其是对消极情绪的体验强度并不随年龄的增长而减弱。老年人由于比较理性，往往通过认知调节来减弱自己的情绪反应，但老年人对于负性应激事件所引发的情绪体验要比青年人和中年人持久得多。

（3）有些老年人容易产生消极情绪

由于个性、环境条件等多种因素的影响，有些老年人容易产生消极情绪，例如，有的老年人由于职务地位变化引起失落感和疑虑感，有的老年人因为健康问题等引起焦虑、抑郁和孤独感，还有的老年人容易产生不满情绪。

（4）绝大多数老年人有积极的情绪体验

对老年人生活满意度的调查表明，从总体看，各年龄阶段的老年人对生活很满意或满意的占绝大多数。老年人的积极情绪体验表现为轻松感、自由感、满足感和成功感。事实上，有许多疾病都是由情绪变化而形成的，只不过有的明显，有的会隐藏若干年。消极的情绪对人有害，而积极的情绪对人却是大有益处的。俗话说，“笑一笑，十年少”“乐而忘忧”。大部分长寿的老年人，除了积极参与运动、生活有规律、饮食有节制外，都有着开阔的胸怀和乐观的精神，且性情豁达、情绪稳定。

老年人积极的情绪体验

总之，老年人应该以积极的心态面对生活，以乐观的精神面对生活中出现的消极因素，尽量使每天的生活既规律又丰富多彩，保持健康的身体状态。

照护小课堂

老年人如何调适自己的情绪

美国有位哲学家说过：“生命的潮汐因快乐而升，因痛苦而降。”拥有快乐健康的情绪是每个人的愿望。老年人学习一些控制、调节情绪的知识，对维持自身的情绪健康和身心健康意义重大。老年人可以从以下几方面着手调适自己的情绪。

1. 重视和主动调节情绪

当自己的情绪不好时，首先在心理上要引起重视，要认识到不良情绪对身体的危害，从而树立改变自己不良情绪的愿望与决心，从心理上重视起来，才能主动去调节它。不愉快的情绪是对情境和人际交往的正常反应，承认这些不愉快的情绪，然后再想想这些情绪持续下去会带来什么样的后果，想到它的危害，这样就会有改变自己心境的决心和勇气。

2. 树立正确的人生观

生活有时候充满着无奈，但是可以从改变心境来应对。老年人应树立正确的人生观，就像著名社会学家费孝通先生提出的“老年人守则”中说的：

（1）活到老学到老，力求不断更新自己的精神面貌和业务水平，不要成为社会前进的绊脚石。

（2）得之于社会的还要还之于社会，把自己的学识尽可能交给下一代，为自己从事的事业培养好接班人，不要使学识财富葬送。

（3）确保晚节，天下固然没有无瑕白璧，但总可以济世自清，不留遗憾，力求在永息之刻心安理得，问心无愧。

（4）天天锻炼，力保健康，争取长寿。

（5）为儿孙做个好榜样，不要为其物质享受多费心机，要培养其靠自己力量克服逆境的能力。

“老年人守则”为老年人树立正确的人生观提供了标准，有利于老年人克服衰老心理等消极情绪。

3. 加强积极的自我暗示

幽默不但能够给别人带来快乐，同时也能让自己保持良好的心态，改善不良情绪。老年人学会幽默，经常笑一笑，用幽默、玩笑的方式表达自己对社会和周围环境的态度，有利于调适人际关系，有利于增强应激能力，摆脱可能遇到的困境，有利于延年益寿。

老年人还可以根据自己的心境、情绪或者所处的环境、所遭遇的困惑，来进行自我暗示。如老年人在看到儿子不能经常回来看望自己的时候，就要以“儿子事业忙，是为了更好的明天，同时也为了更好地照顾我”来暗示自己，从而保持积极的心态。

4. 过好每个今天

“为今天而生”——这是日本学者经过研究而提出的老年人幸福生活的准则。老年人如果对过去耿耿于怀，对不可预测的未来忧心忡忡，“杞人忧天”，就不可能过得轻松愉快。其实有时候老年人“短视”一点，只想着今天能够好好锻炼身体，心平气和地跟老伴、儿女聊聊天，好好吃饭，晚上帮老伴做一些家务后，一家人一起看看喜欢的电视剧，然后在干净舒适的床上美美地睡上一觉，这是多么美好的事情！

5. 家属关心使老年人健康

要维持良好的心境，也需要老年人家属的帮助。因为有时候老年人虽有良好的心情，却不免会被家庭里的一些问题而影响。只有在良好的家庭氛围中，老年人才能保持良好的心境。

2

第二章
我们该怎么办

第一节　老年人人际关系与沟通技巧

65 岁的章大妈来自湖北农村，儿子毕业后留在上海工作，又把她接来上海一起生活。村里人都羡慕她到城市享福了，但她却生活得战战兢兢：外面车多人多，别人说话都听不懂；自己太“土”了，会被上海人瞧不起；自己能做的就是打扫卫生做做饭，但是儿子也开始嫌她做的饭“不健康”……她一度想干脆回老家算了。这时候楼组长上门来了解情况，知道了她的心事。于是，楼组长带着她参加了小区老年志愿者服务队，她有了一群老伙伴，大家一起管理小区卫生、维护社区秩序。她每天很有劲头，开始觉得自己“有用”了，并且有什么事情都有老伙伴帮她分析问题、提建议，儿子都说她变年轻了。

一、老年人的生活现状

随着我国人口老龄化趋势愈发严重，确保老年人的生活质量、改善老年人的生活状况是我们必须要面对的重要课题。在老年阶段，充斥着老年人对往日生命中的美好回忆，却也夹杂着一系列变化落差所带来的悲观心情。其中最明显的要数社会地位和家庭地位的转变，退出工作岗位后，老年人从重要社会角色变成了次要社会角色，从家庭经济的主要收入者变成了家庭经济的辅助收入者，面对如此巨大的落差，老年人往往会感到无所适从，甚至寂寞空虚不知如何面对。另一主要方面则是老年人的健康状况。随着年龄的增加，老年人的各项生理机能也出现了不同程度的衰退，伴随着这些衰退而产生的各种疾病也成了困扰老年人生活质量的一大难题。最后一方面，老年人退出了劳动力市场，他们的经济收入水平也必然会受到不同程度的影响。身体状况变差，技能水平减退，还有经济收入的缩水，都使老年人的生活充满了挑战。而作为不可忽视的庞大群体，老年人的生活状况对我们国家的政治稳定、经济发展以及社会和谐都起着举足轻重的作用。

根据我国的一项调查，大约 8% 的老年人表现出比较明显的抑郁症状。抑郁症是当今老年人心理问题最常见的表现症状。抑郁的原因有很多种，主要是由影响心理的外部环境使得心理压力较大且长期无法释放造成的，也可能是如尊重、健康、和睦、支配等某些心理期待得不到满足所导致的。抑郁症最明显的外在表现就是经常焦虑不安，情绪低落，不愿与人沟通，不愿参加社会活动并且自我谴责、自我贬低。同时，老年人的需求日渐多元化。他们需要的不仅是身体上的满足或者是物质上的充分供给，他们更需要在精神方面得到慰藉。他们大多是希望和他人尤其是自己的子女、朋友有更多的沟通，希望融入自己的家庭和社会之中，还有一部分老年人希望通过自己的工作学习得到他人的尊重。可是现实却是老年人的心理需求往往被家庭、社会忽视，老年人的心理需求得不到满足。老年人面对体力和精力的逐渐衰减、人际关系的恶化、收入水平的下降等会很容易产生消极心理，其中的一部分无法接受现实的老年人也许就会罹患抑郁症甚至做出自杀等不理智的行为。

二、老年人人际关系特征

人际关系和家庭氛围是影响老年人心理健康的重要因素，良好的人际关系和感情融洽的家庭环境对老年人的心理健康有极大益处。当老年人离岗赋闲，随着社会角色、生理和心理的变化，其人际关系也会发生变化，并出现了一些新的特征，主要转变包括以下几个方面。

1. 从以工作单位为纽带变为以个人兴趣为纽带

人的一生很大一部分时间在工作，工作既是人为谋生而必须从事的事业，也是人实现自身价值、追求自己兴趣的过程。在工作的过程中，一定要有同伴，有共同合作的人。所以，人在青年、中年时期，人际交往对象很大一部分是与工作相联系的，多是工作时的上级、下级以及有合作关系的人等。这种关系有一个特点，即以公开始，就是与这些人是因为工作才认识的。参加工作，就有了同事。随着时间的推移，与有的人只是工作关系，上班 8 小时，大家合作交流交谈，下班后各自回家，彼此不大联络。而与有些同事，却可能逐渐互相多谈些个人的事、家中情况、兴趣爱好等，又进而会互相帮忙办些私事，成为公私两方面的朋友。

因公事而产生的交往，往往因公事而消失。当离开一个单位、一个地方，经过一段时间后，可能与绝大部分同事就不再会联系了，而会重新结交同事朋友。

退休以后，这种主要以单位以工作产生交往的情况就改变了。

因为退休不再工作，所以就没有工作方面交往的人，交往对象则主要转变为个人性格投合、兴趣相同的朋友。

2. 亲戚、过去的老同学老同事的交往会增多，成为主流

亲戚由于是因为血缘、家庭等而成为交往对象的，所以其特点是长久，终其一生不消失。比如一个人与舅舅、姑姑一家，无论经过多少年，这种关系还是存在的。一个人在年轻时，由于工作忙等原因，可能会舍弃一部分与亲戚的交往，这是可以理解的。前面说过，工作时的交往很大一部分是工作关系而产生的。有可能由于工作忙的原因，人在年轻时可能忽视了与亲戚的交往，让亲情、感情之间有所淡漠。然而退休以后，有了更多的时间，反而可以重拾过去的亲情。所以我们常常发现，老年朋友会把过去有些疏远了的亲戚又重新走动起来，如表哥、表弟等，常常见面，一杯酒，一杯茶，话话旧事，缅怀先人，也是很愉快的事情。退休以后，与老同事、老同学的交往也是这个道理。人都是有一些怀旧心理的，进入老年以后，几乎所有人都特别喜欢怀念过去的生活，怀念过去的战友、同窗、同事等。

3. 从年轻时交往对象的多转变为老年以后的少而稳定

人年轻时，工作岗位、工作单位可能隔一段时间会有一些变化，可能会在不同的地方工作，因此朋友会不稳定。有些朋友刚认识不久，可能由于工作调动，不得不分开。人在工作时，与朋友的聚散离合都是经常发生的。而进入老年，尤其是离开工作单位以后，情况就不同了。像刚才提到的，与亲戚、老同学、老同事的交往就会比较稳定。

4. 就大部分老年人来说，可能交往的人的数量会减少

在退休以前，一个人扮演的多是工作的角色，是领导、职员、专家、教授、工人、工程师、医师等。而在退休以后，人们生活的舞台回归家庭，这时角色转变成丈夫、妻子、爷爷、奶奶、外祖父、外祖

母等。老年人在家里的时间增多，对外交往的时间减少。这方面也是老年人适应退休生活要面对的一个问题。有一些老年人正是因为少了人际交往，而变得沉闷和抑郁。

三、老年人人际交往心理

1. 老年人人际交往中的不健康心理

企盼长寿和青春永在是潜藏在每个老年人心底的一种美好愿望。然而，人生一世，草木一秋，有生也有死，谁也不能违背自然规律。那么，面对衰老，以及伴随着衰老而来的权力和能力的丧失，老年人能否做到豁达面对？如果老年人过于在意这些，那么一定会产生许多不健康的心理。而这些不健康心理会毫不客气地加速老年人的衰老。因此，老年人为了活得轻松快乐，就必须摒弃以下这几种不健康心理。

（1）心怀嫉妒

由于老年人在社会生活中处于弱者的地位，因此有些老年人也容易产生各种嫉妒的心理。只是每个人抑制的程度与表现的形式有所不同而已。有些老年人由于生理上和心理上的日益衰老，感到自己从此不能再与青壮年相比，一种夕阳西下、“处处不如人”的惶恐不安的心理油然而生，容易使他们对青壮年的“年富力强”产生嫉妒。或者对同龄老年人及青壮年在智力、体力、能力方面超过自己有所嫉妒，或者对其他家庭在政治、经济收入、生活条件、子女成才等方面的明显优势产生嫉妒。

心怀嫉妒

（2）过于自私

有些老年人在人际交往中总想捞点好处，要么看中了别人的地位，要么想从别人那里得到点实惠，要么对别人有事相求，如果对方对自己没有实质性的帮助，就不愿意花费时间与其交往。这种自私自利的心理容易伤害别人，一旦别人认清其真实面目后，便会坚决与其断绝来往。

过于自私

（3）不愿付出真心

有些老年人在人际交往中从来不肯付出真心，把友情当儿戏，抱着游戏人生的态度，不管与谁交往都没有心理上的深层次交流，喜欢做表面文章，而当别人需要帮助时，他们往往闻风而逃，这样的人永远不会结交到真正的朋友。

不愿付出真心

（4）过于自负

自负与不够自信都是源于错误的自我估价。自负的老年人喜欢过高估计自己，在交往中常表现出妄自尊大、自吹自擂、盛气凌人等，而且不愿和认为不如自己的人交往。这样的人当然不会受到别人的欢迎。自负者一旦受挫，次数多了，又容易变得自卑。老年人要想真正交到知心朋友，就必须放下自己的傲气，远离盛气凌人，学会尊重别人，善于发现别人的优点，这样才能融洽相处。

过于自负

（5）标准太高

有的老年人在选择朋友的时候，非常挑剔，要求对方不仅要跟自己聊得来，还要性情相投、地位相等，甚至还会从其他多个方面做出限制。“水至清则无鱼，人至察则无徒”，就像美国心理学家泰瑞·阿博特提醒的那样，好朋友难寻的真正原因可能是我们对友谊的要求太高了。随着年岁的增长，人的心态应该更加豁达，不要将“朋友”的标准限制得过高。老年人可以利用相对宽裕的时间，联络一些以前的老朋友、老同学，办聚会、重游老校园等。用接纳的心态面对他人，彼此多些信任，无论熟人还是陌生人，只要真心相对，都能成为互相扶持的好朋友。

标准太高

（6）缺乏自信

社会心理学的研究表明，那些在人际交往中颇受好评且很得“人缘”的人一般具有乐观、聪明、有个性、独立性强、坦诚、有幽默感、能为他人着想、充满活力、充满自信等特点。当然，这也不是说这些特点都具备才能有好的人际交往。很多老年人在社交上难以有所收获，在很大程度上是因为缺乏自信，觉得自己老了，又没有工作，可能还有一些疾病，说起话来或许还有些啰唆，他们在心里先给自己定位了，认为凭自己很难结交到真正的朋友。缺失了自信，老年人也就失去了一大半的吸引力，这自然不利于人际交往。

缺乏自信

（7）无端猜疑

朋友之间最忌讳猜疑和无端怀疑。有些老年人由于自卑，总是觉得别人在背后说自己的坏话，毫无根据地猜疑别人做了对自己不利的事情，捕风捉影，对人缺乏起码的信任。这样的老年人喜欢搬弄是非，会让朋友们觉得他是捣乱分子而唯恐避之不及。

无端猜疑

2. 老年人人际交往心理问题的解决方法

（1）丰富老年人精神文化生活

大多数长寿者心胸开阔，乐观豁达，有广泛的业余爱好，如垂钓、种花、养鸟、听音乐、跳舞、绘画等，这些都是有益于老年人身心健康的理想项目，对健康大有裨益。

（2）为老年人提供更多的社会参与机会

积极创造条件让老年人更多地参与社会活动，多与外界交往，合理安排时间，培养情趣爱好，丰富自己的生活。心理保健主要在于自我调适，要善于调适情绪，使自己保持良好心态。老年人仍要有追求的目标，老有所为，体现人生价值。

（3）让老年人多参加适合的体力运动和脑力运动

让老年人学会安排有规律的生活与合理的作息时间，根据自己的兴趣、爱好、体质状况有选择性、有规律地进行运动。

跑步、打球、爬山、打太极拳等体力运动，以及下棋、打牌等脑力运动，不仅能增强体质，而且能延缓大脑功能的衰退，有效地延缓记忆力减退和思维能力、精力等高级心理功能的减退。

（4）家庭和睦是老年人身心健康的基础

老年人常会感到孤独，希望得到家人的关心、爱护和照顾，因此，子女应经常与老年人沟通，遇事与老年人商量，使老年人得到应有的尊重。丧偶的老年人独自生活，会感到寂寞，因此，子女应经常探望，且要理解老年人的求偶需求，支持老年人再婚，满足老年人的愿望。

四、老年人人际交往的意义

1. 人际交往是人身心健康的需要

与人发生冲突会使人心灵蒙上阴影，导致精神紧张、抑郁，不仅可致心理障碍，而且可刺激下丘脑，使内分泌功能紊乱，进一步引起一系列复杂的生理变化。许多疾病，如冠心病、消化性溃疡、甲状腺功能亢进、偏头痛和癌症等，都与长期不良情绪和心理遭受强烈的刺激有关。

每个人都有快乐和忧愁，快乐与朋友分享会更快乐，忧愁向朋友倾诉就会减轻，倾诉的过程就是减轻心理压力、缓解心理紧张的过程。如果缺乏必要的交往会导致心理负荷过重。大量的研究证实，离群索居会使人产生孤独、忧虑的情绪，甚至可导致心理障碍。

愉快、广泛和深刻的心理交往有助于个性发展与健康。心理学家研究发现，如果一个人长期缺乏与别人的积极交往，缺乏稳定而良好的人际关系，这个人往往就有明显的性格缺陷。同时心理学家也从各个不同角度做过大量的研究发现，健康的个性总是与健康的人际交往相伴随的。心理健康水平越高，与别人交往越积极，越符合社会的期望，与别人的关系也越友好。

2. 人际交往是人获得安全感的需要

人作为有机体同样要遵循生存第一的生存法则，没有人会怀疑自我保存是人的最根本的原发性需要。因此，人都需要安全感。社会心理学家所做的大量研究提示，与人交往是获得安全感的最有效途径。当人们面临危险的情境而感到恐惧时，与别人在一起可以直接而有效地减少人们的恐惧感，使人们感到安宁与舒适。

人不仅有生物性的安全感需要，而且有社会性的安全感需要。

当人置身于自己不能把握或控制的社会情境时，也同样会缺乏安全感。心理学的研究发现，同生物安全感的建立相似，获得社会安全感的最有效途径同样是与人交往，并由此建立稳定的人际关系。不过与生物安全感不同，一个人要获得充分的社会安全感，仅有别人的陪伴或表面交往还很不够，社会安全感的本质是人与人之间的情感联系。只有通过交往，同别人建立了可靠的人际关系之后，人们的社会安全感才能得到确立。

3. 人际交往是人确立自我价值感的需要

人是一种理性的动物。从一个人自我意识出现的那一天起，他就开始用一定的价值观来进行自我评判。当自我价值得到确立时，人在主观上就会产生一种自信、自尊和自我稳定的感受。这就是所谓的自我价值感。人的自我价值感一旦得到确立，生活就会富有意义，使人充满生活的热情。相反，如果一个人的自我价值感得不到确立，他就没有正常的自信、自尊和自我稳定感。此时，人就会自卑、自贬、自我厌恶、自我拒绝、自暴自弃。自我价值感完全丧失，人生就不再有意义，人就只能走上自毁、自绝的道路。

人的自我意识的保持和自我价值感的确立是通过社会比较过程来实现的。一个人只有将自身置于社会背景之中，通过将自己与别人进行比较才能确立自己的价值。所以，人需要了解别人，也需要通过别人来了解自己。因此，需要同别人进行交往，需要同别人建立并保持一定的人际关系。一个人必须不断通过社会比较获得充分信息，使自己相信自己是有价值的，才能保持其稳定的自我价值评判。如果社会比较的机会被长期剥夺，则会使人因缺乏自我状况的社会反馈信息而导致个人价值感的危机，并使人产生高度的自我不稳定感。人是不能忍受自己的价值得不到肯定的。因此，自我不稳定感会引起人的高度焦虑，并促使人去同他人进行交流，进行有意无意的社会比较，以便获得有关自我状况的社会反馈，了解自我，使自己的行为具有明确的方向，并使自我价值感重新得到确立。

4. 人际交往是人生幸福的需要

在日常生活中，有些人往往认为，人的幸福是建立在金钱、成功、名誉和地位的基础之上的。实际上，对于人生的幸福来说，所有这些方面远不如健康的交往和良好的人际关系重要。交往和人际关系在人们生活中的地位无法为金钱、成功、名誉和地位所取代。心理学家通过研究发现了一个奇特的现象：自 20 世纪 30 年代以来，人们的金钱收入一直是呈上升趋势的，但是对生活感到幸福的人的比例并没有增加，而是稳定在原来的水平。这说明金钱并不能简单地决定人的幸福。

西方心理学家克林格做了一个广泛的调查，结果发现，良好的人际关系对生活的幸福具有首要意义。当人们被问到“什么使你的生活富有意义”的时候，几乎所有的人都回答，亲密的人际关系是首要的；自己的生活是否幸福取决于自己同生活中其他人的关系是否良好；如果同配偶、恋人、孩子、父母亲、朋友及同事关系良好，有深刻的情感联系，那就会感到生活幸福且富有意义。反之，则会感到生活缺乏目标、没有动力和不幸。在这些被调查者的回答中，人际关系的重要性远远超过成功、名誉和地位，甚至超过了西方人最为尊重的宗教信仰。有一项调查表明，在我国，压抑、人际关系和谐度和人际关系压力是导致自杀的三大因素。法国社会学家也指出，社会关系的丧失是自杀的主要原因之一。

五、老年人人际交往技巧

1. 人际交往中的五大原则

（1）平等原则

人际交往首先要坚持平等的原则，无论是公务还是私交，都没有高低贵贱之分，要以朋友的身份进行交往，才能深交。老年人切忌因年龄、经验不足、经济条件差而自卑，也不要因为自己是教授、富有、朋友多而趾高气扬。这些心态都会影响人际关系的顺利发展。

（2）相容原则

相容原则主要是指心理相容，即人与人之间的融洽关系，与人相处时的容纳、包含以及宽容、忍让。主动与人交往，广交朋友，交好朋友，不但交与自己相似的人，还要交与自己性格相反的人，求同存异，互学互补，处理好竞争与相容的关系，更好地完善自己。

（3）互利原则

互利原则是指交往双方的互惠互利。人际交往是一种双向行为，故有“来而不往非礼也”之说。只有单方获得好处的人际交往是不能长久的，双方都要受益，不仅是物质的，还有精神的，交往双方都要讲付出和奉献，不能一味索取。

（4）信用原则

交往离不开信用。信用是指一个人诚实、不欺、信守诺言。古人有“一言既出，驷马难追”的格言，现在有“以诚实为本”的原则，不要轻易许诺，一旦许诺则要设法实现，以免失信于人。朋友之间，言必信，行必果，不卑不亢，端庄而不过于矜持，谦虚而不矫饰诈伪，不俯仰讨好位尊者，不藐视位卑者，这样才能取得别人的信赖。

（5）宽容原则

宽容原则表现在对非原则性问题不斤斤计较，能够以德报怨，宽容大度。人际交往中往往会产生误解和矛盾。这就要求老年人在交往中不要斤斤计较，而要谦让大度、克制忍让，不计较对方的态度，不计较对方的言辞，并勇于承担自己的行为责任，做到“宰相肚里能撑船”。只要我们胸怀宽广，容纳他人，计较的一方就会自觉无趣。

宽容克制并不是软弱、怯懦的表现。相反，它是有度量的表现，是建立良好人际关系的润滑剂，能“化干戈为玉帛”，赢得更多的朋友。

2. 老年人人际交往心理技巧

老年人面临的社会交往方面的转变是一个客观的、不可回避的问题，要使这一问题不影响心理健康，就要注意以下方面。

（1）尽量多保持与一些老朋友、老同学的关系

现在通信发达，不但有电话，还有了微信和 QQ，平时可以通过打电话等方式时时问候。隔一段时间可以互相拜访，叙叙友情，调节一下情绪。

（2）有意识结交一些新朋友

在结交新朋友方面，老年人也要敢于开拓。新朋友是寻找来的，不是坐在家里等来的。要能结交新朋友，首先要有一颗愿意接纳别人的心。要对他人生活关心和关注，有兴趣了解另一个人，这样才有机会接触到不同的人。

结交新朋友

（3）多参加一些老年人的学习、娱乐活动

人是离不开集体的，离群索居的人情绪肯定不会好。老年人要根据条件多参加一些有益的活动。在学习新知识方面，各地的老年大学都开设了不少有意义的课程，老年人参加学习不但可学到知识，跟上时代步伐，同时也能结交新朋友，使晚年生活不枯燥乏味。

（4）多与年轻人交往

老年人多与年轻人交往、多与儿童交往，是保持心态年轻的很好的事。儿童天真活泼，对任何事情都有兴趣。年轻人精力充沛，说干就干，想玩就玩。这些特点都对老年人有启发。人在与他人的交往中是互相影响和学习的。自己就是老年人，交往对象如果全是老年人，不知不觉间，大家互相感染了暮气。如果多与小孩子、年轻人交往，可能潜移默化，也使自己感到年轻不少，感到好多事情自己并非老到不能做了。努力去尝试新的事物，老年人就会延缓衰老，或者说身体虽然衰老，但心志不老。

多与年轻人交往

第二节　认识老年人的婚姻

互联网上出现过一则新闻，讲述了一对爱好旅游的老夫妻的故事。这两位老年人退休后爱上了旅行，并自称是“花甲背包客”。过去的两年里，他们手牵手走过了数十个国家。这对花甲背包客在旅行中看世界，也在旅行中改变着自己。这两位老年人写了一篇文章，让人印象深刻。他们写道：“不要被财富绑架，丢了幸福。周游世界与房产如果必须放弃一个，我们选择放弃房产，周游世界。”

一、老年人的婚姻特点

现阶段中国老年人的爱情观开始与年轻人趋同，追求爱与性、注重婚姻的质量和活力越来越成为老年人婚姻的新要求。由于物质的丰富和经济的独立，中国老年人的婚姻观念已大为现代化，不仅由以前封建的“从一而终”到现在的愿意再次结婚，婚姻关系中也由重视经济因素发展到更加关注情感问题。现阶段，老年人的婚姻状况一般分为以下几类。

1. 亲密无间

亲密无间

退休后夫妻两人一起操持家务，一起去健身，享受着年轻时没时间享受的快乐，共同分享快乐，共同面对烦恼。即使产生小矛盾，也会很快烟消云散，和好如初。

2. 凑合度日

凑合度日

夫妻双方一直感情不和，迫于当时父母的压力以及后来的子女等因素，不愿激化矛盾，只是凑合着过日子。

3. 关系较差

关系较差

夫妻两人水火不容，互不相让，甚至大打出手，因为观念束缚或财产分割问题，不离婚，长期分居。

4. 丧偶独居

老年夫妻几十年的恩恩爱爱，早已心心相印。一方的离世，就像刀割一般，对老年人的精神带来巨大的冲击，致使部分老年人出现各种异常举动。老伴的离世会使生者失去心理支持和依靠，感到孤苦伶仃，导致内心一片空白，不知所措。丧偶老年人无助感明显增加，对生活失去信心。如果老年人长期过着单身生活，生活目标不明确，很容易造成精神空虚、孤独感，进而发展成轻生现象。

5. 再婚

部分离婚和丧偶的老年人会有再婚的念头，而再婚后也会遇到很多问题，如何适应对方的生活习惯、如何面对双方的子女等，这些对老年人的心理也会产生困扰。

当然，除了婚姻本身之外，社会外界对老年人婚姻，特别是对离婚和再婚的评价和看法，也会很大程度上影响老年人的心理，无形中增加了老年人的心理负担。比如说，对于老年人再婚，社会本应该给予充分的支持和理解，但总有老年人的子女或周围的人认为这是“不安分”而横加阻拦，甚至有些子女因为财产继承问题而竭力反对父母再婚。

照护小课堂

老年人再婚应注意的事项

1. 再婚切忌“短平快”

如果老年人双方没有取得共识和理解，并建立一定的感情基础就匆忙结合，将会陷入进退维谷的境地。再婚对老年人的体力、精力都是严峻考验。所以应做到：一要加强婚前了解，了解对方的脾气、性格、爱好、文化素养、经济状况以及家庭成员组成，尤其是双方子女对老年人再婚的态度；二要明确权利和义务，将双方未成年子女的抚养责任和双方子女对两位再婚老年人应尽的赡养义务明确下来；三是考虑财产问题对婚姻生活的影响，应在婚前进行公证，以免婚后发生争执。

2. 透过表面知对方

再婚老年人除财产、儿女等问题之外，彼此健康方面的详细情况也是必须要了解清楚的。有些老年人对对方的健康状况并不是很了解，在一方患有传染病的情况下，老年人之间一旦亲密接触，就有可能因相互传染而患病。

3. 未婚同居当慎重

据悉，老年人再婚的稳定率很低。在天津，老年人再婚后的离婚率高达70%；在上海，老年人再婚后的离婚率也高达50%。因此，一些老年人认为，不领证“比较自由”，万一双方“没感觉了”，分手会比较简单。我们都知道未婚同居不为法律所认可，其间如果当事双方的权利受到侵害，是无法得到法律保障的。如果老年人未考虑婚姻就未婚同居，则应慎重。

4. 自尊是再婚的基础

老年人再婚，感情基础欠缺，极容易与前任比较，彼此猜疑，另外，由于经济因素，“有钱就一起过，没有钱就拜拜”的现象很普遍，很少有同甘共苦的。老年人再婚要考虑双方的经济条件，这对今后的生活会有保障作用，但是不可以因为条件而放弃自尊，要想使自己的晚年真正幸福，就要打好再婚的感情基础。老年人再婚后还应有意识发现对方优点和欣赏对方，有了这一点，互相之间就能很快地融洽相处了。

5. 与儿女坦诚沟通

老年人考虑再婚时，应该与儿女坦诚沟通，把自己真实的想法告诉他们，与他们在沟通的基础上达成共识。如果担心子女提出异议，可以慢慢渗透。

6. 不让“对比”影响再婚

丧偶的老年人再次恋爱时，总是自觉不自觉地拿眼前的对象与过去的老伴相比。因此可以采用下列方法避免“对比”：一是直面生活，双方在有矛盾时应就事论事，不对过去的事和物做广泛联想；二是改变思维模式，学会用新人的优点和旧人的缺点相比对；三是不去触动各自心理上的敏感点，例如，双方条件的优劣问题、彼此间的信任问题，特别是对方竭力回避或厌恶的事情。

二、老年人再婚的疑虑

1. 陈腐的传统观念

由于许多老年人受传统观念的影响较大，思想比较保守，特别是失伴的老年女性，思想上更是顾虑重重，从一而终的思想根深蒂固，而且认为年纪大了如果再婚，似乎就是对前老伴感情的背叛，不仅自己难以接受，而且怕别人笑话，对子女也不好交代，况且在有限的生命里再背负这样的沉重负担，压力太大，倒不如继续独自生活下去。

陈腐的传统观念

2. 再婚没有感情基础

有一些老年人会非常自私地认为，再婚就是找个保姆，而不以感情为基础。这样的老年人，婚姻缺乏感情基础，没有充分的沟通和共同语言，没有相互尊重的态度，也不想逐渐适应新的生活。这就使得有这样想法的老年人很难找到合适的伴侣，因为没有人愿意去一个家庭充当不领薪水的保姆。还有一些老年人出于功利的目的，为了给自己的孩子解决一些实际困难，或为了获取一些经济利益和社会需求而再婚，使老年人再婚进入一个误区。

3. 财产纠纷

多数老年人在过去的生活中积累了一定的财产，再婚前财产是分属于双方各自家庭的，而再婚以后财产的归属问题就容易发生纠纷。我国继承法规定，配偶和子女均为第一顺序继承人，当夫妻一方先于对方死亡，那么，其子女及再婚配偶对其遗产就享有平等的继承权。老年再婚前双方进行财产公证就可以解除后顾之忧，但难以克服的矛盾是，再婚前进行财产公证，不符合我国的婚姻习俗，人们从情感上很难接受这种不近人情的做法，这也是制约老年人再婚和婚姻质量的重要因素。

4. 子女横加干涉

老年人再婚也往往受到子女干涉。有的子女认为，老年人再婚，不仅是对自己已逝父亲（或母亲）感情的背叛，也会遭人耻笑，让子女觉得脸上无光，因而对父亲（或母亲）再婚以后重新组建的新的家庭关系感到很难接受。还有的子女担心，如果再婚以后自己父亲（或母亲）比对方先过世，继父（或继母）会因此而继承一定家庭财产，这样自然会影响到自己以及兄弟姐妹对财产的继承份额。

子女干涉老年人婚姻

5. 再婚成功率不高

再婚成功率不高也是阻碍老年人再婚的一个因素。老年人再婚的情况有较大的不稳定性。据某报披露，北京市西城区人民法院在2001年审结的近2000起离婚案件中，有300多起是老年人离婚案件。而老年人离婚案件中，有九成以上是再婚老年人的离婚案件。国外研究也表明，再婚家庭的稳定性较低，有较高的失败概率。另据内蒙古自治区老龄委一份统计资料显示：目前，该区60岁以上的丧偶老年人至少有50多万人，有再婚愿望的老年人有30多万人，但再婚成功率仅为10%。由此可见，老年人再婚的成功率较低是事实。老年人再婚的成功率低，究其原因主要有以下几个方面。

第一，许多老年人恋爱的周期非常短暂，缺乏感情基础，这是导致再婚不成功的主要原因。

第二，有些老年人对再婚的态度没有摆放端正，有的只是希望找一个能够照顾自己生活起居的人，有的老年人因为没有生活保障只是想找一个长期的经济依靠。

第三，重组家庭成员之间由于各自的生活习惯、处事方式不同，难免会发生各种矛盾。并且由于财产归属的利益之争，这些矛盾就显得更加难以调和。可以说以上的这些问题都在一定程度上影响老年人再婚，导致目前许多老年人对再婚望而却步。

6. 男女比例不平衡

现阶段，女性老年人再婚难问题尤为突出。2009 年人口变动抽样调查数据显示：男性老年人中有配偶的比例高达 80.85%，比女性老年人的 63.86% 高了 16.99 个百分点；而女性老年人丧偶的比例为 35.51%，比男性老年人的 16.05% 高了 19.46 个百分点。女性丧偶老年人人数远多于男性丧偶老年人人数，再加上女性老年人往往要寻找比自己年龄大的再婚对象，再婚市场对女性老年人选择配偶不利，从而在客观上使女性老年人再婚难度加大。在主观上，从一而终的传统观念在女性老年人中影响更深，担心社会舆论的心理阻碍了她们再婚愿望的实现。同时在家庭中，女性一向扮演照料生活起居的角色，老年女性在退休以后大都承担起帮助儿女料理家务、照顾孩子的任务，一旦再婚就会或多或少地使这一社会角色的扮演受到影响，她们更加担心由此引起的来自儿女们的反对，不愿维系多年的亲情在晚年产生裂痕。

照护小课堂

对老年人丧偶后再婚问题的心理调节

1. 鼓励老年人敢于冲破封建世俗偏见，理直气壮地表达自己的心愿

老年人再婚本是无可非议的事情，但由于封建主义思想残余的影响，老年人再婚还是有一定阻力的。它不但表现在社会舆论和亲属的干涉，而且有相当的成分来自老年人自身。许多老年人虽有再婚愿望，但怕人们轻蔑讽刺和背后指指点点的嘲笑，尤其是老年妇女，更受封建伦理的束缚，压抑自己的感情，没有勇气正视这个问题。随着社会的发展和人们思想观念的更新，老年人再婚问题已越来越为社会所重视。舆论的宣传，法律的保护，为老年人再婚创造了条件。

2. 正确处理好与子女的关系

有些老年人存在思想顾虑，害怕由于再婚引起与子女的感情隔阂或伤害了他人的感情。虽然有了老伴，感情上有所依靠，但在日常生活中还需要子女的照顾，特别是日后身体有病甚至失去自理能力以后，更需要有人床前侍奉，自己的子女不情愿，对方的子女也指望不上，反而落得无人管。所以老年人在考虑再婚和建立新家庭以后，要处理好与子女的关系。

3. 必须以正确的婚姻观作为基础

那些只图有人照顾或是只注重地位、财产等不正确的

择偶动机，都不会有真正好的婚姻结果。另外，老年人再婚前，要有充分的心理准备。除了准备应对一些阻力外，更重要的是从思想上准备改变自己多年来的生活模式，与新的伴侣在共同生活中互相适应，建立起新的生活模式，共度晚年。

4. 处理好财产问题

我国婚姻法规定，家庭全部财产为夫妻共同所有。配偶去世后，子女要求继承其中应得的是合法的。即使财产不多，老年人想把它作为今后生活的保障，也应向子女讲明，求得子女的谅解，其实也减轻了日后子女对老年人的负担，也避免过世后双方子女可能产生的财产纠纷。

5. 老年人再婚与年轻人新婚一样，也有一个家庭关系的“磨合”期

有人把这个磨合期称为“婚后危险期”。老年人再婚要特别重视家庭关系的磨合、调适，达到尽快和谐。老年夫妻双方应平等相待，民主协商，切不可主观武断，更不可有大男子主义，要合理分担家务，不能坚持原来的生活模式不肯改变。在生活习惯上，双方应注意相互适应，既要看到对方的优点，又要包容对方的缺点。

6. 相互尊重对方的感情，允许对方有自己的私密空间

允许对方对已故老伴的怀念，并从各方面给予更多的抚慰，帮助对方从伤感中解脱出来，这将会进一步增进双方的感情。

7. 再婚老年人要克服回归心理

老年人总喜欢沉浸在过去的回忆之中，心理学称这种

现象为回归心理。老年人再婚后往往不自觉地与之前的婚姻相比，尤其在遇到不顺心的事或发生矛盾时，就会觉得现在的婚姻不如以前，自己再婚这一步走错了。要克服这种心理，关键在于双方都应认识到，过去的已经永远过去了，并且每个人都有自己的优缺点，不能拿以前老伴的优点跟现在老伴的缺点相比。

8. 把对方的子女当作自己亲生子女看待

老年人经历丧偶后，最亲的人就是自己的子女。再婚后，有的老年人对待自己的子女和老伴的子女不能“一碗水端平”，自己子女来了热情招待，做一桌子的好饭好菜给他们吃，老伴的子女来了就不冷不热的。再婚老年人建立了新的家庭模式，应与新配偶及子女建立新的和睦友好的关系，克服“排他”心理，把对方子女视如己出，真心相待，尽到父母的职责，在衣食起居等一些生活小事上要与亲生子女一视同仁，这样才能使再婚夫妻关系和谐幸福。

三、老年人再婚原则

1. 积极稳妥，晚年幸福

“积极稳妥”是择偶时应有的心态，既不要因循守旧、裹足不前，又不要急于求成，忽视彼此之间感情的交流和情况的了解，以致再婚后出现“短平快”离婚，给双方带来伤害。“晚年幸福”是说老年再婚别无他求，追求晚年生活幸福、愉悦，和谐相处，相互关心，相互扶持，度过晚年。

2. 经济与情感的问题

老年人再婚后要共同营造一个属于自己的家，彼此之间无私心。再婚后总是摆脱不了“两个家”，双方子女各存私心，必衍生出许多顾虑来。

首先，再婚老年人要学会调适和新伴侣的关系，不要拿新伴侣和“老伴”比较。在生活问题上要善于“抓大放小”，只要不是原则和本质问题都不要太计较，学会尊重和宽容对方。其次，虽然老年人再婚多带有“老来伴”的性质，但婚姻也要以爱情、感情为基础，双方在婚姻的动机方面首先要考虑到爱情、感情需要。爱情和感情任何时候都是维系婚姻的纽带，如果是想通过婚姻达到一些目的，这样的婚姻通常都比较脆弱。老年人要善于多和子女们沟通，将自己的感情需要说给子女听，争取子女的理解支持。最后，婚前一定要处理好财产和继承关系。现在一些地方推行的是“三不变”的原则，很受老年人和子女们的欢迎。一是财产所有权不变，婚前是谁的，婚后还是谁的；二是继承权不变，过世后该是谁继承还是谁；三是亲子关系不变，各自子女照顾各自父母，不强求更改称呼和赡养关系。

照护小贴士

国外应对“空巢老年人”问题的方式

新修订的《中华人民共和国老年人权益保障法》规定“与老年人分开居住的赡养人，要经常看望或者问候老年人”，被网民称作“常回家看看法”，并引起了广泛的争论。对此有评论称，与其强制常回家看看，不如为其创造条件。那么国外政府通过何种方式鼓励民众“常回家看看”呢？

1. 韩国：政府规定赡养老年人将获得优先购房权

韩国建设交通部2007年发布的《住房认购制度改革方案》规定，赡养父母、岳父母、祖父母或外祖父母的家庭将获得优先购房权，最高可在申购房屋时加上3分。韩国媒体认为，这项规定一方面缓解了孝顺子女的购房压力，另一方面也鼓励了赡养老年人的良好风尚，实在是一举两得。

2. 法国："别墅家庭"解孤寂

在法国，缺少温情的老年人会挑选一户人家，让他们搬到自己的家中，组成一个大家庭，重新感受家庭的温暖和亲情。比阿特丽斯·范库珀诺拉和她的家人是三年前搬来的，负责照顾三个生活不能自理的老年人。她一家只需交纳极少的租金，要做的工作就是给这三位年过八旬的老太太营造温暖舒适的家庭氛围。

3. 美国：全新监测系统帮大忙

据调查，美国85%的老年人都希望在家中养老。但是，如果老年人独居家中，又患有慢性病，如何让老年人安全舒适地生活且能及时应对突发状况呢？一种全新监测系统帮了大忙。该系统由一个与互联网连接的电脑、电视界面、电话和一系列传感器组成。这些传感器被精心放置在老年人活动的关键地点，如浴室、厨房、门厅或卧室，用来监视老年人家中情况并记录他们的行为。如家里一段时间没动静或房门传感器在异常时间关闭，系统就会向家人发出警报。通过电视界面，家人可以给老年人发送短消息、天气预报、幽默笑话或温馨的家庭相片。

四、老年人要慎重对待离婚

近些年，随着社会的变迁，经济条件、生活条件等的变化，我国的离婚率包括老年离婚率有所上升。社会在发展，老年人不再满足于“凑合婚姻”，开始寻找真正属于自己的一份爱。在我们感叹社会进步、观念进步的同时，对老年离婚热现象也要给予重视。事实上，老年人离婚，须慎重再慎重。

1. 离婚的原因

（1）科技产品变“第三者”

科技飞速发展，改变着人们的生活方式。许多人对科技产品过度依赖，甚至严重影响了夫妻感情。手机、平板电脑、网络游戏已经成为最常见的“第三者”，占据人们的业余时间，不利于沟通。要解决这一问题，可以通过讨论协商，规定在固定时间段远离科技产品，一起去看电影或逛公园，保持婚姻的甜蜜。

（2）不会倾听

从性别上讲，男女在面对问题时的态度存在差异。丈夫在面对问题时，一般以如何解决问题为思路，侧重于只讲重点。而妻子在面对问题时，更倾向于表达，渴望被倾听，需要听众。

都市生活节奏快，压力大，夫妻间互相倾听尤为重要，这不但有利于排解烦恼，更有助于维护感情。应多从对方角度思考问题：如丈夫正忙于工作，妻子最好不要硬逼丈夫中断；丈夫知道妻子有话要讲，应耐心倾听，并为她宽心。

（3）面对分歧时编借口

在明知伴侣对某事的态度和自己存在分歧时，有些人认为，实话实说只会引起争吵，从而选择找理由、编借口的方式，避免分歧，逃避问题。到头来，往往是一句谎话要用十句谎话来圆，使问题如滚雪球般越滚越大。

然而，纸包不住火，当伴侣发现被欺骗时，所有问题仍要重新面对，反而会更难厘清。因此，夫妻间应尽量做到坦诚，在面对分歧时，应讲明各自的原因，突出良好的愿望，表明自己的行为是为了家庭考虑，让对方理解和体谅。

（4）长时间分居且忽视沟通

若夫妻两人长时间分居，又不重视沟通，必然导致感情变淡，久而久之，造成情感危机。夫妻间应尽量避免分居，若无法避免，则通过各种方式加强沟通，除打电话外，也可通过在线视频的方式，从视觉和听觉上感受对方的存在和爱意。

（5）过于以自我为中心

如今，一些老年人因年老或疾病以及更年期等容易养成以自我为中心、不顾他人感受的坏习惯。夫妻之间应相互关注和体谅，培养共同的生活爱好，如自助旅行、读书、锻炼、看电影等，彼此可以分享体验和心得，重燃爱的火花，确保婚姻之树常青。

（6）因分歧发生激烈争吵

夫妻俩对问题存在严重分歧时，容易发生激烈争吵或人身攻击，甚至爆发肢体冲突，这对感情会产生毁灭性打击。当发现对方嗓门变大，情绪开始激动时，应保持冷静，迅速分开，做到空间上的隔离，等一两个小时后，再坐下来谈。同时，应遵循三个原则：一是接纳对方的观点，换位思考；二是表达自己的想法，让对方理解；三是寻找中间道路，消除内心隔阂。

（7）缺少接触

生活压力大，夫妻间相处的时间越来越短，接触变少，十分容易诱发“皮肤饥渴症”。现代科学发现，皮肤处于饥渴状态，心灵容易孤独。若夫妻间缺少皮肤接触，久而久之，丈夫会对妻子冷淡，妻子的性情也会变得暴躁。因此，夫妻间应重视性生活，多拥抱爱抚对方。

2. 正确认识老年人离婚

近年来随着时代的进步，老年人不再固守封建思想，敢于冲破传统观念，勇于追求美满的婚姻，本是一件令人欣慰的事。但老年人离婚之后，也会出现各种各样的问题，影响老年人的身心健康。老年人需要对离婚可能导致的问题有所了解，对老年人离婚现象保持清醒的认识。

首先，离了婚的老年人还要面对着沉重的社会压力，面临再婚问题。虽然社会对老年人离婚现象越来越宽容，但是他们还是要面对现实，能够成功地再婚并能过上幸福生活的人少之又少。相对年轻人而言，狭小的交际圈、衰退的体力和精力，再加上子女问题等，都使中老年人的再婚难度加大。

其次，经济上，女性也面临更多困难。调查表明，虽然离婚是由女性主动提出的，但仍有 22% 的离异老年妇女陷入贫困。另外，离了婚的老年男子会在孤独中度过余生，他们的身体健康状况往往非常差。专业人士分析认为，晚年离婚对儿女仍有不利影响，即使儿女已经长大成人，他们还是会觉得心灵漂泊，没有家庭的安全感。

再次，许多老年人都小有积蓄，因此离婚老年人面对的最复杂问题就是财产分割。再婚的伴侣和儿女都享有财产继承权，这使得老年人需要签订婚前协议，同时找医生出具证明，证明他们在签订协议时有完全行为能力，以免日后产生纠纷。

最后，孤独感已成为老年离婚女性的最大问题。与“有成就”

的男性不同，老年女性很难重建社交生活。现在，许多社会组织为离异的老年人提供帮助，深受老年人欢迎，因为对于这些在暮年重新选择生活的老年人，需要有人倾听他们的快乐和痛苦。

3. 离婚前后心理调节

有人说，“没有爱情的婚姻是不道德的婚姻”，这话对老年人也同样适用。当今老年人能够积极追求高质量的晚年生活，敢于正视婚姻问题，无疑是一种观念上的进步，但老年人对待离婚，一定要慎重，千万不要草率行事。

对于原来关系不错的老年夫妻来说，夫妻双方应该多点沟通和理解，一旦出现问题，要先试着去解决问题，尤其要从自身方面找原因，力图解决矛盾，消除问题，避免离婚。对包办婚姻来说，老年人也要权衡再三，从各方面来综合决策，以免一时冲动造成遗憾甚至悲剧。对于再婚老年人的离婚情况，老年人则要寻求帮助，因为此类婚姻的问题较为复杂，若单凭老年人自己可能会应付不了，对老年人可能会有很大伤害。

总之，离婚对年轻人来说可能是新生活的开始，但老年人离婚后不容易再婚，即使再婚也往往不尽如人意。所以当老年人的婚姻出现问题时，应当首先想办法解决，而不是动不动就说离婚。

五、愿老年人晚年生活幸福美好

老年人要想过上充实的生活，除了经济有保障、身体健康、朋友知心外，婚姻也必须美满。美满的婚姻对提高老年人晚年生活质量有极大的帮助。首先，美满的婚姻能够使老年人在感情上得到一定的满足。老年人婚姻的美满，除了性欲上的满足，更重要的是老年夫妇之间的感情融洽、亲密无间、相互关心和爱护、相互鼓励和帮助，能共同分享欢乐，也能共同承担痛苦。其次，婚姻美满也有益于老年人的身心健康。拥有美满婚姻的老年人，即便退出了社会生活的主流，也可以在家庭生活中感受温馨、消除孤独感、增添自信心，使家庭生活更加幸福愉快，从而达到延年益寿的目的。

照护小贴士

老年夫妻要本着互相恩爱、互相信任、互相尊重、互相谅解的原则和睦相处。家庭的建立是以男女之间爱情为基础确立夫妻关系开始的。要维持良好的家庭关系就要巩固和发展夫妻间的爱情，这对年轻夫妻很重要，对老年夫妻也同样重要。

1. 不要吵架

要用平和的对话来解决夫妻之间的问题，不要因为小事情大吵大闹，这样夫妻关系很容易恶化。

2. 互相理解

不要只为自己，要经常为对方着想，这样两个人的关系才会和睦。

3. 了解一些老年人的心理特点和生理变化

人到了一定年龄就进入生理更年期，由于一时不适应生理上的变化，有些人特别是女性往往心情烦躁、忧郁、多疑、脾气大，这些都是正常的、难免的。这时男性要采取正确对策，对女性宽容大度，体贴关心，从精神到行动帮助女性顺利度过更年期。

4. 开发彼此潜能，培养共同爱好

有些老年人退休之后无所事事，时间一长，难免会造成情绪上的压抑，从而导致家庭关系的不和谐。因此，老年夫妻应想办法培养双方共同的兴趣爱好，走出房门，多交流、多沟通，心情好了，夫妻之间的矛盾自然就少了。

第三节　帮助老年人适应新生活

王女士今年 55 岁。她原本活泼开朗，最近却总是情绪低落，多愁善感，烦躁不安，觉得浑身无力，经常腰酸背痛，食欲不振，并伴有失眠。一次她和女儿为一件小事发生争执后，伤心地认为自己是家里最没用的人，还在半夜起来哭泣，白天则一个人坐在客厅自言自语。儿子陪她到精神科检查，医师诊断她患上了“更年期忧郁症”。

一、更年期

更年期是指一个人从生育期到老年期的过渡转化期，一般出现在 40 ~ 60 岁。男性和女性都会出现更年期，但是由于两者的生理结构特点不一样，女性会比男性更早地进入更年期，且女性的更年期症状要比男性明显得多。

更年期

1. 女性更年期常见表现

女性更年期常见表现

人在进入更年期后，生理和心理上都会出现显著的变化，心理矛盾与心理冲突的发生较之年轻时更加频繁，社会工作、家务劳动和经济等方面的负担也相应加重，再加上子女的成长、教育、前途和成家立业等问题以及一些可能出现的家庭纠纷或亲友伤亡之事等，都容易对这一时期的女性造成各种心理创伤。

（1）月经不正常

此时月经的周期会不正常，间隔时间会延长，经期会缩短，少数人会出现月经量增多且有血块的情况，但会慢慢停止。

（2）情绪易怒

出现多疑焦虑、情绪波动、脾气急躁、记忆力减退、失眠等症状，情绪上变化很大，不容易集中注意力，还特别容易激动。不管是什么事什么情况，很容易与其他人争吵，甚至出现歇斯底里的情况。

情绪易怒

（3）生理反常

此时身体还会伴随着潮热出汗、头晕目眩、头痛耳鸣、腰痛、口干、喉部有烧灼感、失眠健忘等症状，这些症状会让女性的情绪也发生变化。内分泌和雌激素也发生着微妙的变化，容易疲劳。

生理反常

（4）心脑血管疾病

有时可表现为胸闷、心慌、气短、血压波动、眩晕眼花等。因为雌激素的水平降低，所以使血中胆固醇升高，容易发生动脉粥样硬化、心肌梗死、心肌缺血、高血压等疾病。

（5）泌尿生殖系统异常

因雌激素水平降低，有时可出现阴道干涩、性欲减退、性交痛、外阴痒、阴道炎、尿道炎、尿频等症状。

（6）骨骼肌肉不适

有时可表现为骨质疏松，颈、腰、背酸痛，抽筋，关节疼痛，易发生骨折等症状。

（7）新陈代谢障碍

女性进入更年期后，由于新陈代谢速度下降，皮肤会变得干燥，皱纹也会增加，特别是口部及眼角周围。另外，面部毛孔也会变大，皮肤色素沉淀变快。

衰老是不以人的意志为转移的客观规律，更年期的某些情绪、生理和心理的失调只是暂时性的功能性失调，不必因此而惊恐不安，更没有必要害怕更年期出现的种种变化。老年人应做好充分的心理准备，保持精神乐观、情绪稳定，才能顺利度过更年期。

2. 男性更年期常见表现

男性由于性腺功能的衰退比较缓慢，其更年期症状开始得也比较晚，一般出现在 55 ~ 65 岁，比女性要晚 10 年左右。

男性更年期综合征的早期症状一般出现在口腔，常感觉口内灼热、干燥、有异物感。有些人还会因牙龈黏膜脱落而出现牙龈充血、红肿，有时伴随疼痛、刺痒、出血等症状，还有一部分人会出现味觉异常的症状。

更年期男性的心理变化与女性相比，较轻而隐晦，但也会在情绪、性格、感知觉等方面发生一系列变化，主要表现在以下几个方面：

（1）心境和情绪发生变化

更年期男性易出现抑郁、忧愁、烦躁不安的状况。经常觉得心烦意乱、坐立不安，喜欢发脾气。有时候会控制不住地发无名火，表现出空前的暴躁。

（2）记忆力、体力下降

更年期男性机械记忆力下降，总是丢三落四，无法集中注意力，对外界事物的兴趣明显降低；由于体力下降，不愿意参加户外活动，表现出明显的懒散状态。

（3）在人际关系方面，表现出多疑或不愿与人交往

不愿意与人交往，孤独，表现出明显的不合群倾向；总是喜欢单独行动，自以为是，听不进别人的劝导。在家庭中，也处理不好与配偶、子女的关系，严重者甚至会与配偶分居或离异、与子女不相往来等。

3. 安全度过更年期的方法

首先，要正确认识这一自然过程，因为这些症状大多数都会逐渐消失，所以不要过于着急。但是一些女性还是容易出现焦虑或抑郁的情绪，应保持乐观情绪，平时多培养些业余爱好，如养花、养鸟、养鱼、书法、绘画、编织等，以“静”来克服这些“烦躁”的不良情绪，达到“心静自然凉”的境地。

同时，还应积极参加一些体育活动，如慢跑、散步、打太极等。参加体育活动不仅可以增强体质、控制体重，使神经系统调节兴奋和控制的能力更加完善，也对失眠、精神抑郁有良好的治疗作用。此外，运动也可以促进钙在骨骼中沉积，防止这个时期因雌激素水平降低而引起的骨质疏松症。但要注意，运动的量、运动的强度、运动的方式应根据自己的身体状况而定。

当然，合理安排膳食也是应该注意的问题。饮食上应多吃些低脂高钙食品，多吃一些蔬菜和水果，但也要适当控制进食量，少吃一些过甜和含脂肪过高的食品，以防止出现肥胖。尤其应多食一些高蛋白和含钙较高的食物，如鱼虾、瘦肉、豆制品、花生、牛奶、

蟹和蛋类，以防止骨质疏松症。此外，可多吃一些含纤维素较高的水果和蔬菜，如香蕉、梨、芹菜、白菜等，对于防止便秘也有一定帮助。

此外，更年期女性卵巢功能的降低会造成内分泌改变，从而引起一系列生理症状，此时应到正规医院就医，切忌讳疾忌医。女性老年人应定期进行妇科及其他方面的健康检查，以免延误了疾病的诊断和治疗时机。另外，要正确认识疾病的发病原因，做好心理准备，这样可以在以后出现早期临床症状时，避免不必要的紧张。

人对待生活的态度有两种，一种是积极、乐观地对待人和事，另一种则是消极、悲观地面对世界和人生。面对更年期，老年人应采取积极、乐观的态度，多学习一些保健方面的生理卫生知识，积极地配合医生用药，注意锻炼身体，从而平稳、顺利地度过更年期。

照护小课堂

更年期的心理保健

1. 要保持乐观豁达的心态，少为琐事烦恼

可以多听音乐，还要坚持适量运动。不要一个人闷在家中，有条件的话可以参加一些体育锻炼，如利用社区健身器械进行锻炼、打康乐球、打太极拳等。去户外活动不仅可以呼吸新鲜空气，而且还可以通过各种活动来调节自主神经，达到心情愉悦的目的。

2. 及时进行心理宣泄

遇到令人头痛的事情，或产生不良情绪时，不要憋在

心里，而应想办法将其发泄出来。心理宣泄有两种方法：一种方法是自我劝导，变换角度思考问题就是自我解脱的一个很好的办法；另一种方法是通过向别人倾诉来发泄不良情绪。

3. 要保持规律的生活习惯

吃饭、睡觉、活动都要讲究科学性。吃饭要规律，每天定时三餐，多吃富含维生素 E 的食物，不可暴饮暴食；尽量戒烟，饮酒要适量，不可贪杯；早睡早起，晚上看电视要有选择性，不要一坐就是数小时。保持规律性的生活习惯，不仅有助于人的身体健康，而且有助于培养自己的良好心境。

如果已有较明显的更年期症状，可以考虑去医院进行治疗。但必须在正规医院的医生指导下使用药物，并定期做检查，切不可病急乱投医或自行用药。

二、适应退休生活

刘先生退休前身体健康，耳聪目明，精神矍铄，领导着一个近千人的大工厂，一点也不比战场上统率千军万马的将军弱，上上下下没有一个人不服他、不敬他。

但是，退休后一年多的光景，刘先生就完全变了个人，目光呆滞，脸色灰暗，腰也弯了，背也驼了，过去的精神头儿一点也没有了，天天待在家里足不出户。特别是最近，刘先生的举止越来越奇怪，情绪低落到了极点，动不动就大发脾气。后来干脆一个人跑到阁楼上住了。一天夜里，老伴半夜醒来发现阁楼上的灯还亮着，好像还听见刘先生在和谁说话，老伴觉得很奇怪，于是上去一看，发现刘先生把孙女的几个布娃娃摆弄在一起，嘴里还念念有词，好像在指挥工人们生产一样。这样闹了大半夜，白天自然就萎靡不振。刘先生患的就是所谓的“退休综合征”。

退休是人生的重大转折点，无论是生活内容、生活节奏，还是社会地位、社会交往等各个方面都会发生很大变化。无论哪一个人，都有一个适应的过程。特别是那些曾经担任过领导职务或在热门岗位上退下来的退休干部，退休前位高权重，处处受人尊敬，退休后门庭冷落，反差较大，势必心理失衡，产生较强的失落感。很长一段时间会放不下架子，经常一人独处，长时间闭门不出。

另外，退休前，几十年如一日，习惯于繁忙的工作事务，虽然很累，但毕竟充实，乐在其中。退休之后，离开了昔日快节奏的工作岗位，没有了事务缠身，没有了上下班时间约束，身心完全放松了，但却打乱了以往的生活规律，身心一时适应不了，失去了生活目标，坐卧不宁，不知道该干什么，似乎只剩下吃闲饭、看电视，于是整日情绪消沉、心情烦躁、闷闷不乐。好像看什么都不顺眼，对什么都不满意，指责子女，批评老伴。当听到他人议论工作时常会猜疑是在刺激自己。

1. 退休综合征的原因

（1）退休前的心理准备不足

相当一部分老年人在退休前对日后的生活过分乐观，自认为有能力应对日后相对轻松、舒适的生活。他们在心理上缺少一定准备的情况下进入退休生活，较易在心理上出现大的落差，没有很好地规划自己的退休生活，产生茫然、空虚等心理。

（2）行为方式的改变明显慢于环境的改变

原有的人际环境、工作环境、生活环境等均在悄然变化，退休老年人对这一变化的适应和调整能力不够，在由原来的工作角色向新的角色转变时，失去了工作角色却不能找到新的适合自己的角色，因而发生心理、行为间的冲突，形成情感问题。

由此可见，“退休综合征”不是简单的“闹闹情绪”而已，只有正确认识，正确应对，才能顺利跨过这道“坎”。

2. 退休老年人的不良心理

（1）失落心理

失落感恐怕是大部分退休老年人的共同感受。从紧张的工作岗位上退下来，离开了习惯的工作，离开了许多朝夕相处、感情很深的同事，突然回到了安静的家庭，过上了无规律、清闲无聊的退休生活，感情上一时接受不了、适应不了，会产生一定的失落感，觉得闲在家里孤独、乏味、单调，于是经常拖沓，无所事事，无精打采，失去生活正常规律和应有的快乐。有的退休老年人渐渐觉得一天时间很长，日子难过。为什么会产生这种精神空虚、感到无聊的心理呢？在退休前，一天工作忙忙碌碌，下班回家再做些家务，一天的事情安排得满满当当的。因此，觉得一周很容易过，转眼又是一年。可是，退休后生活突然转变，不用上班，开始时不觉得怎样，后来逐渐感到茫然，若有所失，好像退休后的时钟走得很慢，一天时间很长。尤其是当孙子去了幼儿园，年轻人都去上班，屋里冷冷清清，老年人独自在家更感无聊。这是由于退休后不知道要重新妥善安排自己生活的缘故。

失落心理

（2）无助感

退休后，老年人离开了原有的社会圈子，社交范围狭窄了，朋友变少了，孤独感油然而生，要适应新的生活模式往往使老年人感到不安、无助和无所适从。

无助感

（3）关爱需求心理

老年人除满足基本的生活需求外，更希望能得到社会的关心、老伴的体贴、子女的孝顺、亲友的安慰和帮助，特别需要和亲人们以及以前同事保持思想上的沟通和感情上的关怀与支持。否则就会感到忧伤、孤独、寂寞、焦虑、烦恼和怨天尤人，甚至产生自卑、抑郁和绝望心理。老年人退休后没有什么人际交往，和家人团聚共享天伦之乐往往就成了他们主要的精神寄托，因而非常害怕家人嫌弃和无人关心照顾，更怕争吵、打闹，希望有一个舒适安逸、亲切欢乐的生活空间，幸福愉快地安度晚年。

关爱需求心理

3. 顺利适应退休生活的方法

顺利适应退休生活

（1）制订一个切实可行的健身计划

老年人要制订一个切实可行的健身计划，根据自身情况，选择合适的运动方式。比如，每天步行多少千米，利用什么健身器械适当锻炼等。

（2）适当减减体重

上班时，往往因为工作繁忙而难以实施健康饮食计划。饮食不规律导致很多人在退休前的体重远远超过健康标准。退休后，老年人可以与家人及朋友一道实施团体饮食减肥计划，减掉多余体重，消除“啤酒肚”“游泳圈”，从而降低多种疾病风险，保持身体健康。

（3）保持家居环境卫生

退休前老年人可能没有足够时间进行家居环境大清扫。退休后，老年人可对家中的各个死角，对卫生、家装都进行一次彻底检查，清除导致过敏、刺激甚至哮喘的有毒化学物质。清洗厨房油烟机，定期更换浴帘，经常清洗床单。如有需要，老年人也可把一直不满意的家具家装重做调整。

（4）烹调更健康可口的食物

老年人退休之后可以有更多的时间和精力研究科学饮食，研究怎样吃得舒服、吃得健康。可以研究新菜谱，尝试新吃法，使营养搭配更全面。

（5）与伴侣和孩子保持亲密关系

退休之后，老年人最好与老伴及孩子有更多的交流，以保持亲密关系。可以和老伴共同参加一些社交活动，一起外出散步或者长途旅游，使夫妻感情更融洽。平时可以给孩子们做做饭，做一些力所能及的事情，为孩子们减轻生活负担。儿女陪伴，子孙绕膝，其乐融融，老年人退休后的幸福感会倍增。

（6）多交友，多聊天

一项研究显示，老年人经常与家人和朋友保持联系有助于防止记忆力衰退。退休之后有空可以上上社交网，与亲朋好友聊聊天。

除了老年人自己改变心理状态，家属也要把更多的注意力放在老年人身上。多陪陪老年人，帮助老年人开心地度过退休过渡期。

4. 照护人员怎么办

（1）心理支持

首先，要理解、尊重老年人，尽可能陪伴老年人，善于倾听，给予充分理解，遇事主动与老年人商量，尊重其成就感和权威感。

其次，要帮助老年人转化角色、改变认知。面对退休、空巢、衰老、疾病、家庭冲突等事件，以平常心积极对待，保持良好的心境。

（2）增添生活的乐趣

照护人员要帮助老年人培养丰富的生活情趣，鼓励老年人参加丰富多彩的精神文化活动，可根据老年人各自的年龄、特长、兴趣爱好，陪伴他们做一些在职时想做而没有时间做的事，如上老年大学、做社会调查、读书写作、练拳舞剑、弹琴下棋、养花种草、旅游访友等，可使人乐而忘忧。

另外，照护人员要促进老年人与外界的交往，并督促老年人进行适当的体育锻炼，多参与社会活动。

（3）心理治疗

一些退休综合征严重已导致焦虑、抑郁等心理疾病的老年患者需在医生指导下进行心理干预。此外，如果发现老年人有了退休综合征的苗头，也可及时通知家属寻求心理咨询师的帮助，避免病情的恶化。

第四节 尊重老年人的宗教信仰

在家庭中，因为父母退休后信仰宗教而引发的家庭成员间的争吵并不在少数。老年人会觉得子女对自己漠不关心，甚至因此感到心灰意冷；而子女也无法理解父母，想阻止却又拗不过他们。那么家属和照护人员究竟该如何看待老年人的宗教信仰呢?

一、尊重

尊重老年人的宗教信仰，首先要对老年人所信仰的宗教有一定的了解。特别是宗教信仰的禁忌，比如不能吃哪些东西、不能说什么样的话、特殊的日子要做什么事等。如果对一些关于宗教上的事情不太清楚，可以问，但是尽量不要反复询问。

其次，尊重不是一味顺从。当今有很多人打着宗教的名义做违法的事情，而老年人往往成为不法分子利用的首要对象。因此，家属和照护人员在尊重老年人宗教信仰的同时，也要小心防范，避免老年人上当受骗。

二、理解

人到老年，没有了中年的忙碌，人际来往也不如年轻时频繁。老年人每天都有很多闲暇时间，却不知道该做些什么。另外，随着年纪的逐渐增长，很多老年人的内心出现了对死亡的恐惧，这时，他们就选择了信仰宗教的方式来寻求内心的安定。

宗教在信仰者的眼中是神圣而不可侵犯的。家属和照护人员面对老年人的宗教信仰，不可嘲笑和讽刺，而应该选择理解和包容。当然，并不排除有些老年人在自己信仰之后强迫家里人也要信仰。这时，家属和照护人员应多陪伴老年人，并对老年人加以正确引导，表明自己的态度，从而争取老年人的理解。

三、善待

老年人正常的宗教信仰，家属和照护人员不应一味阻拦，甚至在合适的情况下，可以陪着老年人去一些如教堂、寺庙之类的场所。不过，家属和照护人员应该注意的是，在这些场所一定要遵守相应的礼仪，不做禁忌之事，否则反而会引起老年人的不快。

3

第三章
维护老年人的心理健康

第一节　老年人的代际关系

《人民日报》曾有一则报道，在北京市朝阳区某小区居住的60多岁的张大爷，每天都去坐公共汽车，从始发站坐到终点站，再坐回来，以此排解寂寞。在“老有所养、老有所学、老有所乐”的目标追求中，张大爷每天靠反复坐公共汽车来排解寂寞，反映出时下我国社会面临的养老问题。资料显示，在我国60岁以上老年人中，有一半过着“空巢”生活，他们的最大问题是心灵孤独。

一、老年人的代际心理

随着时代的变迁，家庭结构也在不断发生着变化，但是家庭在人们生活中的地位和作用始终是非常重要的，家庭中的代际关系对老年人来说也是最重要的。

1. 家庭生命周期和代际关系

每个人都要经历“出生—成长发育—成熟—衰老—死亡”的过程，每个家庭也要经历“形成—扩大—缩减—消亡”的过程，这个过程即是家庭生命周期。男女两人结为夫妻，组成一个新家庭，这是家庭生命周期的开始；第一个孩子出生，打破了两人世界，家庭规模扩大了，家庭开始扩展，最后一个孩子出生，扩展完成；然后，父母老了，儿女也开始成家立业了，到最后一个孩子离家组建自己的小家庭，这个家庭就进入了“空巢”期；最后老夫妻两个分别走完人生之路，核心家庭消亡，一个周期结束。

代际关系一般是指父母与子女两代人之间、祖父母(外祖父母)与子女、孙子女这三代人之间的血缘关系，也包括常说的公婆、岳父母和媳婿的关系。在家庭生命周期的不同阶段，代际关系有着不同的表现特征。

2. 老年人家庭代际关系的问题及表现

每个家庭都有自己的精彩和问题。老年人的家庭，代际关系较复杂，有其特殊性。随着年龄增长，老年人会出现一些特有的心理需求，如依赖心理、求助心理、支配心理和亲和心理，这些心理需求会对代际关系产生影响。

（1）依赖心理

老年人同小孩子一样，对家庭的依赖性比较大。老年人大多都希望能与子女住在一起，经常得到儿孙的关心和爱护，希望能经常看到自己的子女孙儿，得到他们的尊重和理解，享受儿孙绕膝的天伦之乐。这时候老年人的依赖心理若不能被满足，就容易对子女产生不满情绪。

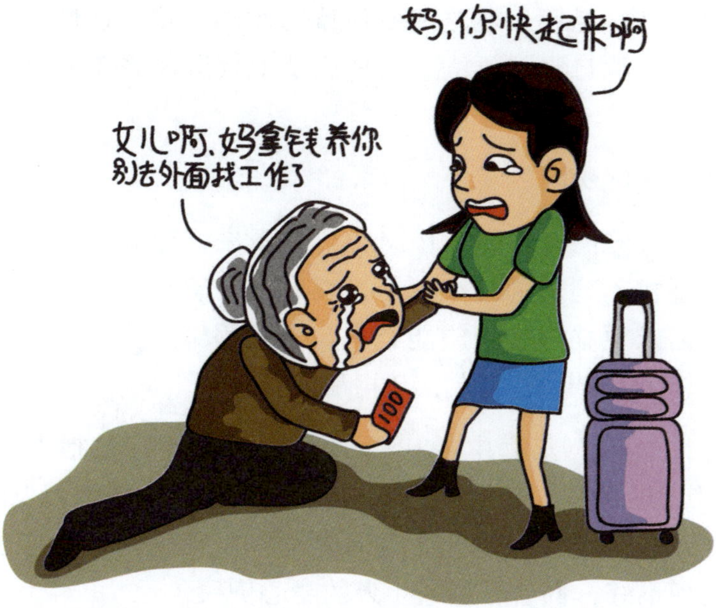

依赖心理

（2）求助心理

随着生理机能的衰退，老年人的劳动能力、生活自理能力均有所下降。因此，很多时候他们希望子女能够照料自己的起居，希望子女在自己有需求的时候能够随叫随到，如陪着上医院看病、剪指甲等。若是求助心理得不到满足，他们就会失望，觉得自己千辛万苦地把子女拉扯大，却得不到子女相应的回报。

（3）支配心理

很多老年人是从传统大家庭中走出来的，他们的很多想法还比较传统和保守，认为老年人是家庭的绝对权威。但在现代社会，老年人对于家庭事务已经不能像以前那样随便发号施令，对待子女的很多事情也不能随意干涉。有些老年人在家庭中的地位从家长地位变为从属地位，对子女升学、就业、择偶等问题的决策权变成了参谋咨询权。有些老年人对这些变化特别敏感，难以适应，用对子女求全责备来发泄自己的不满，这样就造成代际关系不和谐，容易引发家庭矛盾。

（4）亲和心理

老年人从繁忙有序的工作岗位上退下来，原来的社会交往大大减少，若是找不到新的社交圈子，就会常常感到空虚寂寞。因而他们的亲和需求更强烈，希望能经常与子女团聚一堂，也希望能经常和好友、邻居一起唠唠家常，互相帮助。

因此，老年人家庭中的代际关系表现多样，包括老年人与子女——“代沟”问题、老年人“空巢综合征”问题、老年人与媳婿——婆媳问题或翁婿问题、老年人与孙辈——祖孙问题等，这些关系和问题若处理不好，都会影响老年人的身心健康。

二、正确处理老年人与子女间的关系

老年人与子女的关系处理得是否恰当，直接影响家庭和睦与老年人晚年的幸福。老年人在处理自己与子女之间的关系时，要注意自身观念的更新，允许代际间差异的存在。

1. 转变观念，跨越“代沟”

目前，我国老年人与子女同住的比例仍然很大。老年人一般都喜欢与子女一起生活，不仅基本的日常起居能够得到照料，也有子女在跟前陪自己聊天解闷儿，这样老年人就很知足了。但住在一起，接触多了，问题也就来了。

之所以会出现各种代际关系问题，或是由于老年人与子女双方面的原因，或是由于各种客观原因，若发展下去对老年人的身心健康会非常不利。其实，老年人只要调整好自己的心态，就完全可以游刃有余地化解这些矛盾。

首先，老年人要摒除“家长”的作风，跟儿女平等相处。两代人之间看问题的方式和角度各有不同，这可以理解，但这“代沟”并非无法跨越。老年人要理解年轻人，避免指责抱怨。不能时刻以家长自居，独断专行。老年人在处理家庭中的重大事情时，应当多倾听子女的意见，只要他们说得对，只要不是什么原则性的问题，就应该照子女的意见办。

其次，要多理解子女的难处。老年人自己要想办法寻找乐趣摆脱孤独，而不要只指望子女主动来关心自己，与自己聊天谈心。现在社会竞争压力大，一般子女的工作都非常忙、非常累。老年人如果有什么心事，可以主动找机会跟子女谈一下，而不要坐等他们来问自己；还可以多跟老朋友走动聊天，有事情向老朋友请教。这样，老年人对子女的依赖心理就会大大减轻，也不会因子女没有时间照顾自己而难过伤心。

2. 走出“空巢”，关爱自己

“空巢家庭”指子女长大离家，家中只有老年人的家庭。由于老年人离开了主流社会，身体逐渐衰老，在最需要儿女照料的时候，身边却没有子女，这就难免会引发“空巢综合征”。

面对空巢的寂寞，做子女的当然应该多关心老年人，经常回家，打电话问候老年人，而老年人自身也要学会调整心态，以避免身心疾病的发生。

首先，老年人要学会关爱自己，体谅子女。空巢家庭中的老年人在得不到子女照料的时候，会委屈气愤，觉得被忽视。这时的老年人容易消极放纵自己的不良情绪，从而导致心理问题。老年人应体谅子女，知道他们工作的辛苦，理解他们想照顾自己但目前心有余而力不足。所以老年人自己要合理安排好自己的生活，使生活充实而不觉得空虚无聊，从而减轻空巢的感觉。

其次，老年人要主动走出空巢，增加交际。老年人产生“空巢综合征”，原因之一是人际交往太少，在家里空虚寂寞。老年人可以到社区、老年大学、公园等老年人多的地方去，看看其他老年人的生活，多跟他们交流，生活就会过得愉快，也不会觉得孤寂。

3. 维护权益，保持尊严

现在社会中仍然存在一些子女不赡养老年人甚至虐待老年人的现象，遭遇这些情况的老年人往往身心都饱受折磨，痛苦不堪。

有的老年人自尊心很强，遇到子女不孝顺的情况也坚决不跟别人说，有苦都自己吞；还有的老年人觉得都是一家人，孩子再怎么对自己，也不能去告他，而宁愿自己继续受儿女的责骂，为儿女留面子。这些心理都是非常错误的。一味忍让只会让自己的身心受到更大的伤害，老年人一定要学会运用法律武器保护自己，维护自己的正当权益，保持有尊严的生活。

三、婆媳（翁婿）关系乐融融

婆媳(翁婿)关系问题是我们国家众所周知的家庭问题。媳妇、女婿不是自己亲生的，没有血亲关系，但又与自己的子女结成夫妻，成了家庭中的一员。要处理好这一代际关系，其难度比处理父子关系、祖孙关系都要大。

婆媳(翁婿)关系的确比较难处，但只要注意以下几项事宜，就可以调节好这些问题和化解矛盾，实现婆媳(翁婿)“一家亲”。

1. 既当儿女，又不当儿女

从老年人的角度讲，首先对媳妇、女婿要有个适当的心理定位：既把其当儿女又不当儿女。把他们当作自己的儿女，是因为他们是子女挚爱的人，关系紧密，他们也叫自己“爸”“妈”。老年人应该像爱护关心亲生儿女那样真挚地对待媳妇、女婿。特别是当老年人有能力为子女提供帮助的时候，要注意“一碗水端平”，不能厚此薄彼，以免生出不必要的麻烦。不把他们当儿女，是要考虑媳妇、女婿是在不同的家庭环境中长大的，有许多的生活习惯、脾气性格等可能与自己的要求和习惯差距很大。这时候，老年人就应该对他们予以理解和尊重，不要像要求自己的亲生子女那样对待媳妇、女婿。

2. 从心理上接纳他们

婆媳之间、翁婿之间要做到感情融洽，光靠以礼相待是远远不够的，因为双方已经是“进了一家门，成了一家人”，再像对外人那样客客气气的话，那么就会感到局促和生分，是永远不会过得舒适的。因此双方都要努力在心理上接近对方，接纳对方，拉近心理距离。

另外，在处理婆媳、翁婿关系时，遵守相互尊重、平等待人的原则也是很重要的。双方如果产生了什么矛盾或者意见不一致，可以开诚布公、推心置腹地进行交流，通过直接沟通解决问题，千万不要当面不说而背后乱说，也不要无端猜疑，加深成见。

四、隔代虽亲不溺爱

人们常说“隔代亲”。的确，祖父母、外祖父母很少有不疼爱自己的孙辈的。对于容易感到孤独的老年人来讲，天真无邪的孙子孙女很容易亲近。因此，隔代亲现象在中国非常普遍。

1. 维系祖孙关系

维系祖孙关系的意义主要表现在老年人与孙辈相处时能够得到心理上的满足，具体包括以下几个方面。

（1）希望

当今社会，虽然许多老年人不再常念着多子多福，也不执着于抱孙子，但是早日有孙子孙女仍是他们的夙愿。第三代出生，这对于他们来说意味着生命的再一次延续，因此对孙辈就会产生一种特别的疼爱。老年人看到这些，会有一种重新经历生命开始的感觉，仿佛看到了美好的明天，心境豁然开朗，摆脱了“夕阳无限好，只是近黄昏”的悲观、消极心理。

（2）快乐

老年人的情绪是很容易被环境感染的。老年人与无忧无虑的孙辈在一起，看到他们开心调皮的样子，自然也就被感化，跟着开心起来。老年人受到童心的影响，就会有意识地保持自己的童心和好奇，就会自然而然地对生活产生兴趣和热情。

（3）满足

现在生活节奏快，不少父母由于工作较忙，没有时间照顾家庭，更不用提教育子女。老年人一来时间比较空闲，二来出于对孙辈的疼爱，常常会细心观察他们的表情，较之父母更加了解他们的心事，从而予以询问开导，帮助孩子树立自信心，培养自尊感，发展独立心、进取心。老年人看到孙辈在自己的关心爱护下茁壮成长，会有一种成就感和满足感，从而愉悦身心，保持健康。

2. 避免溺爱孩子

隔代亲固然没有错，也可以给老年人带来生活的乐趣和信心，但有的老年人过分溺爱孙辈，或者将错误的观念灌输给孙辈，这不仅会妨碍孩子健康成长，也会导致家庭矛盾，从而影响老年人的身心健康。

老年人由于文化水平、教育方法和长时间未从事青少年教育等原因，有一些观点、方法是错误的，或者已经跟不上时代的步伐，如果把这些错误、落后的观念传给孙辈，就会对他们的学习和适应能力造成影响。也正是由于这个原因，有很多年轻的父母不放心把孩子交给老年人，怕他们把孩子带偏了。老年人对此则会觉得非常委屈。一方面他们希望和孩子亲近；另一方面他们觉得自己帮忙看孩子，是给子女排忧解难，是帮了他们，而子女非但不领情，还嫌弃自己，这让他们非常伤心。

其实，从老年人这方面来讲，也应该注意避免上述问题的发生。老年人要注意不娇惯孩子，培养孩子自立、自信、尊重他人、乐于助人的良好习惯，并且不要太干涉孩子与小伙伴之间的交往。另外，老年人不要袒护孙辈的错误，而要帮助他们勇于承认错误、改正错误。这样，孙辈才能健康成长，不必要的家庭矛盾也就避免了，老年人也会更加快乐。

第二节　帮助老年人树立正确生死观

寿过110岁的陈椿老先生著有《人生一百二十岁》一书，书中说：“忧能妨生，思虑太过则成忧思，必伤及身体。”他认为，人要重视自然规律，不能惧怕年龄的增长和老年的到来，关键是活着就要活好，活出精神来。他总结出一套健身口诀：

穿衣三分冷，食前汤一碗；
住房宜整洁，就寝宜曲肱；
长行勿急走，晨间宜早起；
俗嗜须尽除，不论得与失；
灵神得慰藉，吃饭留点饥；
饭后果半斤，光气常畅通；
形态似仙鹤，安步当车行；
呼吸新空气，一心存善良；
一日三哈哈，长生乃足羡。

一、正视死亡，克服恐惧

死亡是一个令人望而生畏的话题，又是谁都无法回避的话题。

生命是有限的。人怕死，但又无法避免死亡。有生，必有死。生死周而复始。人类没有长生不老。生物世界都会存在新陈代谢，处于不断更新中。科学探索发现，地球、太阳、银河系、宇宙都不会永存，总有一天会消亡。人是自然界中匆匆一过客，死亡又何尝不是回归自然的一种形式。

人近黄昏都要面对死亡，但不同的老年人有不同的态度。一般来说，有两种态度。一种是意识到死亡迫近，能够从容不迫地面对死亡，提前做好计划安排自己的后事；或将死亡视为解脱，能平静地面对死亡的到来。另一种是身受疾病的折磨，丧失战胜疾病生活下去的勇气；或害怕死亡，不知所措，采取不当手段，想延长生命，最后反而适得其反；也有的因为老朋友去世，“物伤其类”，产生悲观念头。前一种是积极的态度，后一种是消极的态度。老年人要提倡积极态度，克服消极情绪。有的老年人患有疾病，产生消极的情绪是可以理解的。有的老年人并无疾病，也产生消极情绪就不应该了。

每个人的一生都是一个独特的经历，或成就非凡，或平平淡淡。人经历出生、婴幼儿、青少年、中年，只要进入老年，都是成功者。因为，人的一生都是在七灾八难的各种环境中磨炼出来的。老年人的经历是一本教科书、活字典。即使有失败的故事，也足够给后来人以启迪。

二、生命品质比长度更重要

“人固有一死，或重于泰山，或轻于鸿毛。”——司马迁

每个人都渴望长寿，然而我们在追求长寿的同时更应注重生命的品质。生命的品质是什么呢？是挣了多少钱，取得了多高的地位吗？其实不然。一个人生命品质的高低在于这个人的人生价值，在于他为社会贡献了多少，在于他是否在实现自己人生理想的同时也为社会的发展添砖加瓦。只要这个人为社会的发展做出自己的贡献，这个人的人生就是有价值的。

“人生七十古来稀。”随着经济和科学技术的飞速发展，医疗卫生条件的大力改善和生活水平的不断提高，人们的寿命也普遍延长。现在活到 70 岁的老年人早已是“不稀”了。但是，不管人类如何延长寿命，总是活不到一千年、一万年的。因此，我们无法延长生命的长度，但是我们可以拓展生命的宽度。

古人说，“活到老，学到老”。老年人辛苦了一辈子，年纪大了，与其每天担心自己会拖累子女，不如出去多交际，或者培养一些兴趣爱好，让自己有事可做，每天保持愉悦的心情。这不仅会大大减少疾病的发生概率，而且能让自己的人生变得更加充实而有意义。

三、以乐观的心态细品余生

老年人拥有健康乐观的心态会让自己生活得更加幸福，会让自己更加长寿。

老年人若是因为自己的年岁一天一天增加而“感觉不妙”，会

加速其衰老和死亡的进程，并最终把自己“想入坟墓”。有统计显示，能乐观对待衰老这一自然现象的人比那些“悲观主义者”平均要多活 7.6 年。这一心理因素对长寿的影响竟然比公认的血压和胆固醇指标更为重要。

当老年人发现自身生理功能日益下降的时候，应该如何应对呢？老年人应以一种积极的态度去面对，具体可以参考以下几点建议。

1. 调整自己的心态，保持乐观、豁达、宽容的心情

乐观情绪可以增强人的免疫力，使身心达到最佳状态。一个人从幼年到老年，其生理功能从盛到衰，这是一种自然过程。真正的衰老是心理上的衰老。而只要有乐观的、积极向上的生活态度，就可以预防心理衰老。同时，在逐渐步入老年期时，老年人不得不面对自身角色的转变，大都从社会的主要生产者变成被动消费者，甚至随时都离不开别人的照顾。在面对这种转变时，有的老年人会表现出焦虑、抱怨、反感，而这样的情绪往往会成为脑血管疾病发作的诱因。因此，老年人与子女、晚辈、同事、邻居等要和睦相处，遇事不计较、不固执、不生气，保持心情的愉悦。

2. 积极参与社会活动

老年人自己应该主动参与一些社会活动，可根据自己的专业特长发挥余热，或参加社区组织的歌咏比赛、棋类比赛等活动，经常与街坊老友聊天，可以使生活充实，精神愉快，情绪放松，还能够陶冶情操，增长知识见闻，使身心处于乐观、协调状态。

3. 克服不良生活习惯

不吸烟，不嗜酒，按时作息，规律生活。烟、酒是多种疾病的高风险因素，长期吸烟、嗜酒的人患肺癌及各种心脑血管疾病的概率远远大于其他人。及时戒掉吸烟、嗜酒的不良习惯，能减少发病

可能性，提高生活质量，享受健康的晚年。

4. 进行适当的体育锻炼

坚持体育锻炼有益于提高机体各器官系统的功能水平。有研究表明，老年人进行适当的运动可以改善身体机能，调整紊乱的内分泌功能，降低对机体各种疼痛和不适的敏感性，改善不良情绪，改变对自身和周围环境的过低评价，减轻对身体和疾病的担忧。

此外，长期有规律的运动能刺激大脑，有助于改善中枢神经兴奋和抑制过程的平衡，改善神经细胞的新陈代谢，延缓大脑的衰老，有效地延缓大脑认知功能(主要指注意力、记忆力和行动计划能力等)的减退。因此，老年人应该长期坚持适当的运动锻炼，量力而行，保持身体机能处于良好状态。

5. 注意饮食营养均衡

老年人消化系统功能减弱，对于各种营养的吸收能力逐渐降低，加之老年人喜欢吃较软的东西，饮食习惯的改变使得老年人的饮食倾向于高能量、高脂肪、低纤维素、低维生素，所以老年人应适当补充各种维生素和矿物质以保持营养均衡。同时，由于骨质疏松等原因，老年人也需要多补充钙质。总之，老年人的食物应以新鲜清淡为主，辅以适量的肉蛋鱼类，尽量做到定时定量，不挑食，不偏食。

6. 注意防止人身意外事故

老年人由于肌肉骨骼系统的退行性改变，多行动不便，所以不提倡老年人做运动强度太大的活动。室外活动时，也要尽量远离车多人多等拥挤嘈杂的地方。

7. 平时不可乱吃药或者擅自停药

多数老年人身患多种疾病，每天要服用多种针对不同疾病的药物。但老年人吃药要格外慎重，应遵医嘱服用，不能凭自己经验感觉或他人介绍就买药来吃，更不要因为最近自我感觉比较好，就擅自停服某一种药物。这两种错误的做法都会对老年人的健康带来极大的坏处。

8. 定期去正规医疗机构进行全面系统的健康检查

人上了岁数，身体各项机能大不如前，因此要定期检查身体，及早发现疾病，掌握最佳治疗时机。同时也能准确了解已有疾病的病情变化情况，使医生及时调整治疗方案。

50 岁以后人的身体就开始走下坡路，此时更要注意养生，注意调养。对于一些刚退休的老年人来说，需要尽快将自己的心态调整到最佳状态，多出去走走，多出去看看，多结交一些新朋友，一定会发现老年生活的乐趣所在。

照护小课堂

对临终老年人实施心理护理

1. 谈论死亡的技巧

在与老年人谈论死亡话题时，照护人员要积极参与，给予正确引导，而不是直接拒绝；当他们面对死亡产生恐惧时，要告诉他们生死都是自然规律，有尊严地生活是对死亡最好的等待；要让老年人敞开心扉，而不是拒绝谈论死亡或是谈“死”色变。

2. 学会倾听

有的老年人谈论死亡时，并不是想听取别人的结论，而是想诉说，或者只不过希望给自己一个表达意见的机会，以尽量自己做出解答。照护人员应懂得并以倾听这种方式帮助老年人。

3. 帮助、鼓励老年人把恐惧、忧虑的情绪表达出来

临终老年人通常都对死亡怀有特殊的恐惧和忧虑，减轻老年人的心理不适并使他们尽快从恐惧的阴影中走出来，办法之一就是促使其开口说话。恐惧、担忧一旦说了出来，就比较容易驱散，其实在表达的同时，就已宣泄了许多内心的压力。具体方法技巧有：给临终老年人创造一个能得到支持的环境（热心、尊重、理解）；通过护理工作加深护患之间的情感交流，如对老年人“诉苦”的听取、理解并做出反应；尽一切努力使正在忍受痛苦的老年人得以缓解；陪伴孤独的老年人，不是简单地看望，也不是偶尔在床边坐一会儿，而是通过语言交流、耐心劝导、肌肤抚摸，获得他们的信任，把其当成亲人，让其把内心的感受说出来。

4. 尊重老年人的宗教信仰

护理有宗教信仰的临终老年人时，照护人员如果不只局限于对宗教信仰的尊重，而能了解更多有关宗教教义、习俗、禁忌，则会非常有助于与老年人沟通，有助于与老年人谈论死亡，有助于了解并满足老年人的特殊要求。

5. 细心揣摩老年人对死亡的态度，做到有的放矢

在居家护理中，对老年人的某些情感或问话不可随意对待。如有的老年人不习惯郑重其事地谈死亡，他可能用开玩笑或俏皮话来表示，如“我会笑着死的”“到时把腿一蹬了事”“你不愿让我死，是吗”等。照护人员应当懂得这些话语背后是他们内心中隐藏着焦虑和不安。这时，照护人员绝不能表现出无所谓的态度。照护人员这时应以

诚恳的态度表示对老年人情绪状态的关心，可以说："您是顾虑自己的情况严重了吧？"又如，"请相信您的身体机能还没有衰老，相信医学的进步和主治大夫的水平。"照护人员也可以继续说："我想您是不是还有其他忧虑可以对我说说。"这样交谈，对于帮助老年人搞清恐惧或担忧，对了解、评估老年人的心理状况都很有益处。

四、长寿之道

"健康活到一百岁"，这句话对于现在的医疗技术来说并非遥不可及。那么，长寿都和哪些因素相关呢？关于这个问题，有很多科学家做了很多研究，也得出了一些关于长寿的学说或理论。

遗传基因说：科学家认为人的身体中存在着一些能决定人寿命的基因，长寿者的这些基因就是因为优于一般人，才会使得寿命比一般人长。

运动说：也就是我们常提倡的"生命在于运动"的观点。运动说强调"用进废退"，认为运动能够锻炼人体的各项器官机能，延缓生理衰老，从而促进健康，达到长寿。

身材说：这种学说认为矮个子有益长寿，认为人的心脏有其一定的负荷能力，大脑与心脏的距离不能过长，否则心脏的劳动强度越大，劳损的速度越快，心脏衰弱进程就会加快，人就不能长寿。

性格说：这种学说强调心胸宽广、乐观豁达的人容易长寿，其支持基础来自于对众多长寿者的问卷调查。调查显示，长寿老年人的显著特征就是乐观、不自寻烦恼。

当然，以上几点只是长寿的一部分原因，要想长寿，还应做到以下几点。

1. 加强运动

衰老是由人体的新陈代谢、功能衰退引起的，而适当的运动则可以促进新陈代谢。首先，运动能够使人的心肌收缩加强，改善血液的循环，并能预防心脏疾病和动脉硬化；其次，运动能够改善老年人的肺活量；再次，运动对消化系统大有裨益，从而能使老年人体内的毒素及时排除；最后，经常锻炼有助于老年人肌肉、骨骼的锻炼，从而防止肌肉萎缩和骨骼脱钙、骨质疏松等。此外，运动能够使人放松神经、消除焦虑。

2. 合理膳食，改善营养

合理的膳食以及充足供给的营养，对老年人来说极为重要。若是饮食结构不够合理，营养的摄入过多或者过少，都会使老年人肠胃患病，导致早衰。

老年人的饮食应该遵循以下基本原则：第一，营养的摄取要适量，不能过多或过少。第二，老年人的饮食结构应该多样化而且平衡，现代营养学提出人类有七大营养素，即碳水化合物、蛋白质、脂类、维生素、微量元素、食物纤维和水，这七样营养素对老年人来说是缺一不可的。第三，建立良好的饮食习惯，注意多吃适合老年人的食物。有些食物则应该少吃或者不吃，如多吃蔬菜、瓜果、鱼类、豆类以及豆制品，应该限制食用烟熏类食品(腊肉、火腿等)和腌菜类食品(酱菜、泡菜、榨菜等)，尽量少吃味精、松花蛋等，少吃盐，少吃甜食，少饮酒和咖啡等。

3. 调节心理状态

老年人能随时调节自己的心理状态，始终保持乐观、开朗的情绪，是保持健康长寿的一个基本要则。

老年人可以从以下几方面调节自己的心态：首先，要设法保持较好的感知觉能力和思维记忆水平，这些方面状态良好，老年人就会很容易保持好的心态；其次，要善于保持心态平和，学会摆脱烦恼，保持清心寡欲；再次，要学会培养幽默感和宽容开朗的性格，保持良好的人际交往，从老朋友的关心、鼓励和陪伴中感受生活的乐趣，增加长寿的信心；最后，老年人还要积极主动地拓展自己的生活空间，应当根据身体条件和兴趣爱好，把生活内容安排得充实些，如练书法、学绘画、种花草、养宠物、读书看报、欣赏影视剧等，以此来陶冶性情、寻求乐趣、感受充实，最终促进自身的健康和长寿。

第三节　老年人的心理养生

苏阿姨今年64岁，身体健康，但最近情绪有些异常，总是纠结于过去的某件事（认为自己办得不妥的事），后悔、自责，反复想，无法自控，严重失眠。这种状况反反复复，越来越严重，她自己是明白的，知道不应该对过去的事情耿耿于怀，但又控制不住自己，还伴有胸闷、四肢无力等症状，日渐消瘦。现在更是发展为特别敏感，可能因为别人的一句话瞬间情绪就跌至谷底。

一、不良情绪的危害

长期的情绪恶劣，如不能及时进行自我调节，会妨碍个体正常的心理功能，如注意力、记忆、思考、抉择的能力削弱，同时导致社会功能的下降，如上学、上班、家务、社交能力削弱；如果进一步发展，严重的抑郁情绪得不到有效的干预，容易酿成自杀的悲剧。

情绪的压抑、暴躁、恐惧、焦虑状态还会使某些人产生某种心身疾病，如高血压、糖尿病、冠心病、消化性溃疡、过敏性结肠炎、癌症等。对已患了某种疾病的人会进一步加剧生理功能紊乱，降低对疾病的抵抗力，加速原有疾病的进一步恶化。

持续性不良情绪往往使某些人寻求一些错误的应对方式，如长期大量酗酒，久而久之造成酒精依赖或酒精中毒，导致人格改变，智力下降，产生某些精神症状，甚至产生自杀、冲动、伤人、毁物或违法行为。还有人为了摆脱烦恼，长期自行应用一些镇静药物或毒麻药品，产生心理依赖或成瘾综合征。

不良情绪不但影响本人的生活质量，还会破坏周围人的好心情，导致人际关系紧张或恶化、家庭矛盾或婚姻破裂；对于正在成长的孩子，生活在坏情绪环境中，会潜移默化地影响孩子的健康情绪发展，甚至导致其不良行为或人格障碍。

不良情绪的持续发展还会诱导某些精神障碍，如精神分裂症、双相情感障碍、痴呆、强迫症、恐惧症、疑病症等，也易发生交通事故。

照护小课堂

老年人情绪变化的表现及特点

1. 自尊感与自卑感共存

老年人一般都有比较强的自尊感，希望得到社会和家人的尊重。自尊感对于老年人来讲，是一种积极的情绪，它可以起到自我约束和自我激励的作用。但也有部分老年人，因为进入老年后觉得自己没用，会产生自卑感。

2. 空虚感与孤独感共生

空虚感是一种消极情绪，容易引起老年人失眠、不安，对什么事情都没有兴趣，甚至觉得人生已毫无意义。孤独感也是进入老年期的人常有的感觉。老年人若是心理自我封闭、自我禁锢，或者由于自卑而羞于与人交往，也会产生孤独感。

3. 吃亏感与嫉妒感同现

由于各种现实原因，在医疗、福利及退休待遇等方面，难以达到绝对公平，有些老年人难免就会产生“生不逢时”的吃亏感。这种情绪会使老年人心态不平衡，影响身心健康。

与吃亏感相关联的还有嫉妒感。社会地位、经济条件、物质生活，甚至才能、长相都能引起老年人的嫉妒心理，而有些老年人的唯我独尊、以自我为中心也可能会引起嫉妒。

4. 焦虑感与抑郁感相伴

有的老年人因为经济状况、儿女问题等产生焦虑感。焦虑感从积极方面看，可以起到增加老年人改变现状的紧迫感的作用，但更多时会给老年人带来消极后果。

老年人也经常会被抑郁感所困扰。他们可能因为社会上某些现象而忧心忡忡，可能因为得不到子女和周围人的理解、关心而抑郁不安，或因为自己的身体不适就疑心自己患上某种可怕的疾病而加重抑郁。

5. 衰老感与怀旧感同在

衰老感使老年人受消极自我暗示的影响，加剧大脑功能的衰退甚至病变。怀旧是老年人常有的情绪。有时候，怀旧可以让老年人在回顾过去光荣岁月的时候非常开心，从而产生激情，对生活更有信心；有时候，特别是进入老年期之后，生活变动较大、生活条件和环境不太满意的时候，老年人就会沉浸在对过去的怀念和不愿意接受现实的怀旧感中难以自拔。

二、老年人心理健康的标准

心理健康的标准有哪些？心理健康的构成要素有哪些？怎样才能算是真正的心理健康？判断一个人的心理是否健康，要看这个人与大多数人，特别是与同龄人以及同性别的人是否一致。老年人心理健康的标准应该包括以下六个方面。

1. 观感正常，对事物的判断无误，记事有序，过目能记，不致丢三落四。

2. 说话条理清楚，回答问题简单明了，富于联想，善于举一反三。

3. 情感反应适度，情绪不会过大起伏，办事严谨有序。遇事冷静，不易冲动，也不抑郁，能经受悲欢或挫折。

4. 始终保持对学习的热情，活到老、学到老。把时间精力用于自己的正当业余爱好，感到精神愉悦、生活充实。

5. 广交忘年朋友，乐于助人，人际关系融洽，对人态度和蔼，以诚相交，以礼相待。

6. 生活、学习、活动正常，具有适应社会环境变化的能力，以文明为本，自觉遵守社会公德。

照护小课堂

广交朋友好处多

缺乏人际交往的老年人，往往会觉得苦闷孤独、冷清无聊。孤独使人早衰，朋友多的人更长寿。老年学家认为，老年人广交朋友有很大好处。概括起来，老年人的人际交往有以下作用。

1. 协调身心，增加乐趣

首先，老年人的人际交往，可以使老年人摆脱孤独、消除心理郁结；其次，老年人通过交往，拓宽了自己的视野和心胸，开辟了自己的新天地，从而在遇到问题的时候不至于太钻牛角尖；最后，老年朋友们在一起赏花养鱼、谈古论今，可以摆脱孤独，使生活充满情趣，从而心情开朗，自然也就身心健康。

2. 消除烦恼，颐养天年

如果人的交往需求得不到满足，久而久之就会影响身体和心理的健康。并且，老年人如果长时间缺乏外界新信息的传递，就会感到空虚、抑郁，还会导致脑细胞萎缩。这时老年交友就起到了润滑剂的作用，提高了生命质量，延长了生命长度。

3. 更新观念，追求幸福

老年人在与人的交往过程中，可以改掉陈旧的、对自己不利的观念，如有的老年人丧偶后想再婚，可是担心被人耻笑，跟老朋友交往的时候，看到有的老朋友再婚后生活得非常幸福，就可以放下心理包袱，勇敢地寻求自己的幸福了。

三、心理养生秘诀

1. 走出误区

大量社会调查资料表明，60岁以上的老年人最担心的问题有三个：一是怕经济困难，生活无保障；二是怕体弱多病，健康状况欠佳；三是害怕孤独、生活上感到空虚。老年人产生孤独感、空虚感的原因有三个：一是社会因素，老年人退休后，有的从领导干部变成普通人，有的离开了长期从事的工作岗位，由于地位、权力的改变，以前常常接触的同级或上下级开始疏远，新的社会交往又尚未建立起来，接触的人少了，必然会产生一种失落感和空虚感；二是家庭因素，子女都成家立业，相继离开了家庭，又失去配偶，都会使老年人感到孤独和空虚；三是身体因素，由于体弱多病，使社会交往活动受到限制。

老年人要面对人生，面对现实，走出误区，过上新的生活。社会方面要尽量开展一些适合老年人参加的社会活动，如老年大学、老年体协、老年学学会、老年活动室等活动均能促进老年人身心健康，消除失落感、孤独感和空虚感。老年人也要主动培养新的情趣爱好，根据自己的条件和爱好，置身于一种或几种情趣中，使晚年生活更加充实美好。家庭方面要主动处理好家庭关系，子女应当赡养父母，尤其对体弱、行动不便的老年人，要多给予照顾；身体好的丧偶老年人，可以再婚。个人方面要正确对待社会，对待子女。老年人不要因成年子女离别而感到孤独与不安，只有面对现实，在退休之后开始新的生活，才能使夕阳更红，使晚年生活更美满、幸福，更健康长寿。

2. 知足常乐

人生在世，如果时刻忧名、忧利、忧私、忧家，必然思想包袱沉重，会压得人喘不过气来。心情烦躁的人是难以颐养天年、健康长寿的。多做好事，本身就是幸福，会使自己心情愉悦，给生活带来无穷乐趣，给自己所追求的事业提供充沛的精力和健康的体魄。不让患得患失在脑子里“大闹天宫”，自然就能精神内守，达到心理健康的目的。

第四节　老年人自我心理保健

走在街上，我们总能看到各式各样的老年人。有的满头白发，满脸皱纹，但依然精神矍铄，双眼炯炯有神；而有的实际年龄才60多岁，却已经腰弯背驼，步履蹒跚。同样都是老年人，为什么精神状态有如此大的差别呢？其中有很大一部分原因就是部分老年人不能做到自我的心理保健。

健康的心理能让老年人正确地面对生活，有积极向上的人生观和正确的价值观、世界观，还能提高老年人在面对疾病时的战斗力、自信心，也是保持身体健康、延年益寿的必要条件。因此，老年人进行自我心理保健是十分必要的。

一、勇当“银发顽童”

在生活中可以见到不少充满活力的“老顽童”，他们虽已进入老年，银须白发，却童心未泯。他们诙谐幽默，乐观自在，嬉戏玩耍，和青年及儿童打闹逗趣，广交朋友，参与各项社会活动，保持青春活力，令年轻人都羡慕不已。欢乐的“老顽童”随处可见，他们是老年人中的佼佼者。但是，同样在生活中有的老年人看上去精神萎靡，老态龙钟，与“老顽童”形成鲜明的对照。这是为什么呢？主要是这类老年人心理上自认衰老了，影响了自己的精神状态。所以老年人要正确认识衰老，即人总是要老的，这是不可违背的自然规律，但人可以延缓自己衰老的速度，可以高高兴兴地过好每一天，健康愉快地度过晚年。老年期确实是人生的最后一站，在这一站到来之际，老年人应该继续迎接新的生活挑战，而不是用消极的态度对待这最后一站。

老年人应该把思想从沉默等待、孤独乏味中解放出来，充实自己的生活，丰富生活的兴趣，积极地去寻找快乐和幸福，勇敢地到社会中去，到朋友中去，以自己独特的方式去生活，使自己永葆青春。

二、放弃孤独这一专利

人们总认为老年人的生活是孤独的，年轻人这么认为，有的老年人也这么认为，这样孤独便成了老年人生活的专利。如果退休的老年人不参加任何工作，加上性格比较内向，把自己与外界人为地分开，孤独自然会不招而至。另一种情况是有的老年人的子女长大成人后，组成了自己的家庭，不再和老年人一起住。老年人空守家中，难免会感到孤独。有的老年人因老伴辞世，更感到忧郁苦闷，精神孤独。这在老年人中是常见的事，因此老年人要设法跳出孤独圈，不再让孤独困扰自己。

跳出孤独圈的最好办法就是老年人要积极适应新的变化，自信有能力建立新的生活。要多与外界接触、联系，参加适合老年人的聚会，到公园里打拳、下棋，交同龄的退休朋友，多与人交流，自我丰富日常生活，定时收看喜欢的电视节目，看一些有兴趣的图书、报刊，这样就会慢慢跳出孤独的圈子，迎来健康、快乐、有规律的生活。

扩大兴趣与交往

三、摆脱依赖心理

依赖心理是一种消极心理。老年人容易出现依赖心理的原因是衰老导致机体的功能减退，活动能力受到限制。一旦生活上、家庭上遇到困难，对未来失去信心，便会感到生活乏味，缺乏安全感。老年人本来把生活、养老、健康的希望寄托给家庭、社会和医疗，但一旦失去各方面的支持，精神便会受到打击，会变得情绪消沉，健康状况每况愈下，甚至有的老年人由于这种依赖心理的强化而患上忧郁症等精神疾病。

依赖心理是一种消极和缺乏自信心的表现，对健康是不利的。有的老年人虽然年老多病需要别人照顾，但却有自强、自信、自立的思想，有依靠自己力量逐渐康复的信心，再加上家庭和社会的支持关心，能战胜疾病，坚强地生活。老年人克服疾病带来的困难，克服年老带来的不便，而仍然发出光和热，这种心理往往充满乐观向上的精神，所以可以长寿。

四、有海纳百川之胸怀

由于长期的社会变迁、生活磨炼、复杂的家庭关系、不好的健康状况等，可以导致老年人的一些性格变化。特别是在缺乏关心、得不到尊重、失去劳动的能力、无事可做、得不到家庭的温暖时，都会影响老年人的心情，导致性格变异。

老年人要加强人格修养，要培养宽阔的心胸，要有自我控制能力，要有涵养，尽量体谅别人，不要苛求别人，尊重别人而不斤斤计较，主动建立良好的人际关系。“海纳百川，有容乃大；壁立千仞，无欲则刚。”老年人要使自己始终处于良好的心理环境之中，就能享受生活，百毒不侵。

照护小贴士

我国魏晋时代的嵇康提出：“养生有五难。名利不灭，此一难也；喜怒不除，此二难也；声色不去，此三难也；

滋味不绝，此四难也；神虑精散，此五难也。”这里提到的五难，有四难是属于心理方面的，可见古人谈保健养生就是以心理保健为主。在现代社会中，心理健康是健康的重要组成部分，也是老年人生活质量评价和健康测量指标中不可缺少的内容之一。掌握一些心理保健知识，老年人可以生活得更加从容，对其生理和心理健康均大有裨益。

第五节　让幸福常伴在老年人身边

有一个富翁来到海边度假。他漫步海滩，遇到一个渔夫正躺在海滩上晒太阳。于是他就奇怪地问："这么好的天气，为什么没有出海捕鱼呢？"渔夫说："捕鱼刚回来，收获还不小呢。"他又问："现在是捕鱼的好季节，收获又这么好，为什么不去多捕一趟呢？"渔夫说："捕一趟就够了，我现在要在这里吹海风、晒太阳，享受一下。"富翁很惊讶地说："如果你每天能捕两趟的话，你会变得很富有的！"渔夫反问："那又怎么样呢？"富翁说："然后你就能买艘更大的渔船，可以捕更多的鱼。""再然后呢？""然后你就可以成立一个公司，组织一个捕鱼队帮你捕更多的鱼，你就会更有钱了。""那又怎么样？"富翁生气了，说："你就会成为一个像我这样的富翁。""那又怎么样？""那样，你就可以悠闲地坐在海边，看看大海，吹吹海风，晒晒太阳。""先生，我现在正坐在海边，吹着海风，晒着太阳。"

一、老年人的幸福生活

每个人对幸福都有自己不同的理解，这就是主观幸福感。一般可以从外在因素和内在因素两方面加以定义。

1. 外在因素

老年人对幸福的理解，与其他年龄阶段的人群自然有所不同。在经历了人生的跌宕起伏之后，老年人对幸福的认知更加趋于理智，而不会轻易被一些表面现象所蒙蔽。那么，对于老年人来说，幸福会受到哪些外在因素影响呢?

（1）婚姻关系

有调查表明，人们通常在结婚后变得更幸福快乐。对于老年人来说，良好的婚姻关系能够让人觉得安定踏实，找到心灵的归属感，为老年人提供坚实的后盾，让其能够更好地去追寻幸福。

（2）生活条件

这里的生活条件包括经济基础、家庭环境、人文环境等。对于老年人来说，他们的生活虽然不需要过于奢侈，但如果吃不饱、穿不暖，生活上捉襟见肘，自然不会觉得幸福。良好的家庭环境也是老年人觉得幸福的重要因素。如果在家人之间矛盾重重、吵闹不休的家庭环境下，老年人自然也不会感到幸福。

（3）信任感

无论处在什么年龄段，人际交往都是生活中必不可少的，人们的安全感和幸福感在很大程度上取决于人际交往的质量。如果在交往中，可以得到别人的信任并且也可以放心信任别人，就会感到快乐。反之，在人际交往中如果处处钩心斗角，不得不时刻提防着别人会欺骗自己，人际交往会变成一种负担，幸福感就会荡然无存，并会给人带来心理压力。

（4）健康

老年人如果身体不好，常年被疾病困扰，就难以摆脱痛苦，从而对心理产生影响，情绪会变化无常，经常受负面情绪的困扰，性格也会变得愈发糟糕，种种不良心理状况都会影响老年人的幸福感。

不健康的身体会影响老年人的幸福感

（5）生活规律

对于老年人来说，身体各方面机能退化，体力也已经大不如前，心理上更是趋于安稳，所以老年人不再像青年人那样习惯于寻找刺激和变化节奏快的生活。规律的作息和日常活动，让老年人觉得踏实、稳定，不会因过度疲倦而使身体难以承受，就会产生一种生活幸福的感觉。

2. 内在因素

幸福是一种主观感受，外在因素只是一些充分条件，但不是必要条件，只有人们自身才能真正开启幸福。对于老年人来说，幸福的内在因素包括以下几点。

（1）健全的人格

健全的人格指人的健全的人格特质，让人能在人际交往、处世等方面有积极的心态，从而在社会和亲友圈中能够交际良好，在人际互动中感受幸福。

（2）正确的价值观

价值观影响人的幸福感，有了正确的价值观，就能客观地对待现实生活，看淡得失。而老年人若是有着不正确的价值观，就会一叶障目，不见泰山；再或者迷信一些非科学的东西，认为世界都是虚无的，只有死亡才是永恒的，活着就是受苦和赎罪等，那他肯定也不会感到幸福。

（3）良好的心理状态

良好的心理状态指老年人的情绪、性格处于良好的平衡状态，而不会经常起伏波动。为了一点小事就大动干戈、大发脾气的人，不会有幸福的感觉。若老年人经常心态不平衡，对自己的生活不满意，抱怨、嫉妒，甚至愤愤不平地生活，自然也不会幸福。

二、影响老年人幸福感的其他因素

影响老年人幸福感的因素非常复杂，正如上面所讲，使老年人感到幸福的因素是多方面的，也就是说，这些因素如果发生了变动，就会对老年人的幸福感产生影响。

1. 遗传因素

这里的遗传因素，指与生俱来的可以影响人幸福感的一些方面。有研究表明，尽管有许多双胞胎的生活状况完全不同，有的地位相差悬殊，有的生活条件、家庭状况等相差也很大，但是他们对生活的满意度是很相近的，就是说他们感觉到的幸福差不多。由此看来，人们的幸福感是由一些类似“幸福基因”的因素在起作用。

2. 生活事件因素

生活事件在这里指能够引起人们强烈的心理和身体不适应的事件，如遭遇险情——洪水、火灾等，或者亲人的离世、子女的不孝等。

（1）亲人突然离世

在刚开始的一段时间，老年人肯定会感到巨大的悲痛和思念。在这种情况下，老年人甚至会丧失生活的希望，幸福感就无从谈起。但是，生活中我们也可以看到，一些孤寡老年人也能够生活得安然淡定，仍然非常幸福。他们在没有子女亲人的照护下，同样能找到幸福。所以说老年人只要能够调整好心态，度过难熬的时期，一样能重获幸福。

（2）子女不孝

有的老年人会觉得自己这一生都非常失败，养儿防老竟然养到没有人肯管自己。失望加上无助，就会使幸福感无影无踪，只剩下伤心绝望。

（3）上当受骗、遭遇抢劫等其他生活事件

老年人由于认知、判断能力的下降，容易遭受不法分子的欺骗。上当受骗后的老年人，心理上受到欺骗，就会变得惊恐，或者自尊心受挫，出去会觉得别人都在嘲笑自己等。这样的老年人在心理上受到困扰，若不能及时调节，则会长期陷入不良情绪中难以自拔，很难再感到幸福。

3. 社会因素

社会因素指社会上对待老年人的一些不公平或者歧视等现象。一般来说，社会因素对老年人幸福感的影响还是有限的。但是有些老年人，特别是退休之前社会地位较高的老年人，退休后本来心态就容易不平衡，再在社会上不受重视，或者受到不公平的对待，就会非常气愤，乃至长期感到愤愤不平，从而失去幸福感。

三、找到通往幸福之路

幸福到底在哪里？幸福来自何方？怎样去寻求幸福呢？

生活中有很多方法可以让人们感到幸福并保持幸福。有一位著名的心理学家曾提出以下老年人找到幸福的步骤。

1. 善于寻找生活中的美好

生活中美丽的风景无处不在，关键在于有没有一双善于发现美的眼睛。老年人要调整心态，使自己生活在这样一种状态下：把孩子的微笑当成珍宝，在帮助朋友的过程中得到满足感，与书里的人物共欢乐，学会从平常的每一点小事中寻求自己的幸福。

2. 培养积极情绪

同样面对衰老，有的人高歌“夕阳无限好”，生活积极而有情趣；有的人却感叹“只是近黄昏”，面对疾病、衰老，整日消沉、苦闷、恐惧、悲观。越来越多的事例显示：消极的情绪使人沮丧，而积极的情绪催人奋进，给人带来快乐。要寻求幸福，老年人必须做的一件事就是努力消除消极情绪，培养积极情绪。

3. 更好地和他人相处

要善待身边的每一个人，积极与他人交往。有研究表明，能够一下数出五个亲密朋友的人，60%比那些不能数出任何朋友的人更感到幸福。这就预示着，朋友能给自己带来幸福感。老年人的社交范围相对年轻人较狭窄，所以老年人要重视交友，善待朋友，因为他们是老年人幸福的使者。

4. 面带幸福感

也许有人会觉得奇怪，面带幸福感，是不是只要脸上有笑容就能够让自己幸福？科学实验表明，经常欢笑能让自己的大脑产生幸福的感觉。生活中的经验是，当人遇到不顺心的事情时，若开始哭泣，就会进而联想到更多烦心的事情，从而把情绪拉入低谷；而若是能够控制住自己的心情，转移注意力，面带微笑，就会觉得事情没那么糟。老年人经常能够面带幸福感，自然也就会真的幸福起来。

5. 告别枯燥的生活

无所事事、空虚无聊的人不会幸福。老年人不要把自己困在电视机前，看那些一把鼻涕一把泪的电视剧，这也会影响自己的心情。要沉浸于能够运用到老年人自身技能的事情，比如上老年大学学习知识、看书写字等，都能养性怡情，提高幸福指数。

6. 多活动

室外活动是对付压力和焦虑的良药。老年人在活动中锻炼了身体，释放了压力，有良好的身体状态自然就会有更强的获得幸福的能力。

7. 好好休息

幸福的人精力充沛，但他们仍然会留出一定的时间睡眠和休息，充足的睡眠、规律的生活是幸福老年人的特征。

8. 丰富的精神生活

很难想象，一个每天除了吃饭睡觉没有其他更高追求的人会幸福。幸福本身就是一种精神上的体验，老年人若能重视精神生活，根据自己的实际情况，通过阅读、写作等培养一些爱好来充实生活，精神上会获得满足，自然也会被幸福眷顾。

4

第四章
重视自己的心理呵护

第一节　与老年人的相处之道

在我国，60 岁以上人口已达到 2.4 亿人，占总人口比重的 17%。不少家属和照护人员也在埋怨，和年纪大的老年人相处越来越困难。

那么，家属和照护人员应该如何与老年人相处呢？

一、老年人喜欢唠叨

老年人喜欢回忆，喜欢唠叨过去的日子。人到老年，对于最近发生的事情总是容易忘记，而对于很久以前发生的事情，印象反而越发清晰。因此，他们总喜欢回忆自己的过去，回忆他们年轻时奋斗的日子。这个时候需要家属和照护人员有足够的耐心来做倾听者。

老年人为什么喜欢唠叨呢?

1. 唠叨是老年人排除孤独感的一种手段

心理学研究指出，人的心理要获得健康，需要各种环境因素的丰富刺激。如果缺乏这种刺激，人就会变得呆板而神经过敏。老年人从工作或劳动岗位退下来后，就会把注意力过分集中在一些“不顶用”的事情上。比如热衷于回首往事，因而喋喋不休。子女下班回到家之后，老年人就会尽情倾诉心中郁积之言。子女独立后不少事情不再听命于父母，本能的心理防卫功能会使老年人坚持己见与习惯，不赞成子女的意见和看法。有的老年人觉得自己别无所求，而把生活的希望寄托于下一代，转而对下一代过分关心。

2. 老年人通过话语的不断反复，来达到心理活动和客观环境的平衡

老年人由于大脑的退化和机能障碍，明显地引起感觉能力降低。老年人感知能力降低之后，这种心理活动的反馈就迟缓了。

例如，看不清东西，就自言自语地督促自己集中注意力努力张望；听力减退，自己说的话连自己也没有听到，就会重复说，力求使自己听到；看到别人开口，自己却听不清，就会产生焦虑，再三催问。

记忆力减退，更是老年人反复唠叨的重要原因。这主要表现为短时记忆能力的障碍。老年人往往对眼前的事迅速遗忘，看文章、听讲话时，必须重复几遍才能搞清楚；自己刚刚讲过的话，立刻又忘了，还以为自己根本没讲过，这样势必重复同样的话语。

总之，喋喋不休是老年人心理、生理功能退化的表现。家属和照护人员应该宽容，多给予关心和尊重。

照护小课堂

如何应对老年人的唠叨

1. 重视老年人的“牢骚”

人到老年，脾气性格发生变化，并不是他们要存心招人讨厌，而是由老年人特定的生理和心理因素造成的，可以说是一种自然的反应。家属和照护人员在这种情况下如果不能对老年人多一分关心和体谅，不能及时去了解他们的想法和心情，反而对其产生厌烦或嫌弃，这样不仅老年人身体和心理上的疾病不能被及时发现，还给老年人孤寂的心境多浇上一盆冷水，会让他们加倍地感觉到生活的残酷。所以，要重视老年人的“牢骚”。

2. 让老年人尽情地倾诉

唠叨也是一种思维活动，尽管老年人自己可能也没有察觉到，其实这样也能锻炼思维。另外，老年人跟邻居亲友的唠叨也让老年人多一些人际交往的机会，让他们不至于封闭孤寂。因此，老年人唠叨是为了倾诉自己心中的不愉快，以求得心理平衡，这也是预防老年人心身疾病的一种有效方法。老年人唠叨完了，心里就舒服了，不然，则会憋得慌。家属和照护人员如果对此表现出不耐烦，甚至打断老年人的话题，叫他别啰唆，老年人心里一定会非常伤心难过。

二、老年人喜欢操心

俗话说，“可怜天下父母心”，老年人总是有操不完的心。总想着家里读书的小孩成绩怎么样，有没有吃好；还没出嫁的女儿工作是否顺心，有没有找到男朋友；惦记总和妻子吵架的儿子，今天看上去脸色不好，是不是昨晚又吵架了……这个时候他们往往需要一些安慰和宽心的劝解。

三、老年人害怕吵闹

仔细观察就会发现，家里聚会时，大部分老年人都更喜欢待在自己的一方小天地里，任凭其他人在外面乱喊乱叫。这个时候他们不需要有人在他们身边吵闹，家属和照护人员可以静静地陪伴在他们身边，不要让他们觉得被吵得心烦意乱，也不要让他们感觉到孤独。

四、老年人害怕死亡

老年人总担心今天脱下鞋，明天就没机会穿上。这个时候家属和照护人员可以对他们做一些开导，也可以通过玩笑的方式让他们放下这个话题。不要让老年人自己一个人去想这些，部分老年人很容易在这些问题上钻牛角尖。家属和照护人员要多陪陪他们，陪他们养养花、遛遛弯、谈谈心，这都是不错的选择。

每一位老年人都有自己独特的个性，我们不能将他们一概而论。家属和照护人员应该多陪伴他们，了解他们，知道他们内心真正的需求。有些子女总认为自己不能陪伴在父母身边，就尽可能多在物质上孝敬父母，殊不知心灵上的需求并不是物质可以替代的。因此，无论多忙，子女都要常回家看看，如果离得较远，也应该多和老年人打打电话、发发视频，不要让他们沉浸在对子女的思念中无法自拔。

第二节　与照护人员的相处之道

在工作较忙而无法抽身照护老年人的情况下，家属往往会选择聘请照护人员来代替自己对父母进行照护。但雇佣者与被雇佣者出现矛盾甚至造成无法挽回的后果的新闻也常见于报端。这令很多打算聘请照护人员来照护父母的人望而却步。那么究竟该如何避免出现矛盾，出现矛盾又该如何解决呢?

一、无规矩不成方圆

在照护人员第一天上岗时，被照护人员的家属就应该给照护人员定下规矩。什么事可以做，什么事不可以做，什么事要怎样做，尽量把能想到的都说清楚，甚至可以写下来，这样可以避免日后的很多误会和纠纷。

二、人人平等，相互尊重

照护人员也是一个普通人，并不是被照护人员的仆人或奴隶，有获得尊重以及提出自己意见和建议的权利。如果遇到双方意见不一致的事情，可以通过沟通的方式解决，而不是一味地搞一言堂。

对照护人员一定要保持信任的态度。如果总是疑神疑鬼，时间久了自然看人家做什么都像是要做坏事，这样就难免会产生矛盾。既然当初雇用了这个人，那就要信任他。与此同时也要对照护人员进行仔细观察，看他的言行是否得体，如果有不如意之处应及时指出，双方要及时沟通，不能凭主观臆断就下结论。

三、严于律己，宽以待人

当发现照护人员没有很好地完成家属所要求的工作事项时，一定要想清楚是不是自己没有表述清楚，不要看到照顾不到位就直接怒气冲冲地去追究照护人员的责任。不要自以为是地认为照护人员的想法和自己的想法是一样的。所以，在安排照护人员的工作时，一定要事无巨细地表明自己的要求，否则照护人员可能因为没有理解家属的本意，反而会好心办坏事。

四、奖惩结合，贴心关怀

每个人都喜欢被表扬，照护人员也不例外。家属一定要善于发现照护人员身上的闪光点。这与公司里领导对待下属的方式是大同小异的。家属不仅应该经常表扬照护人员，要当着很多人的面表扬，而且一定要发自内心。如果工作做得的确很到位，也可以适当地加些工资以示鼓励。在照护人员完成了一天的工作之后，一句看似平常的“辛苦了”，带给照护人员的不仅是尊重，更会让他感受到对付出的认可，对他以后的工作也是一种鼓舞。

当照护人员做错了事，出现了工作上的失误，这个时候是一定要批评的。不过，批评和表扬相反，一定要在私下进行，婉转地对照护人员说出哪里做得不够好，而且尽量避免用主观的字眼，如“你怎么那么笨啊，连个玻璃都擦不好”等。这样的话一定要避免，一旦说出口，不仅伤了和气，而且会对照护人员的自尊造成伤害。

诚然，家属聘请照护人员是为了让他为老年人服务，但适当的关心不仅可以让家属与照护人员的关系更进一步，也能让照护人员心存感恩，从而更加努力地完成家属分配的工作。家属出差回来给家人买礼物的时候，不妨给照护人员也带一份。看到照护人员今天脸色不佳，多关心一下，嘱咐他休息一会儿。这些贴心关怀都会让照护人员感受到温暖。

说　明

本套丛书使用的部分资料和插图，由于时间原因未能联系到作者，在此深表歉意！请作者见书后及时与我们联系，我们将按有关规定支付相应稿酬。

联系邮箱：13901247816@163.com